W0234019

SANDRA SALMANDJEE   ÉLOÏSE FIGGÉ

Ayurvedafood

REZEPTE UND ERNÄHRUNGSTIPPS FÜR MEHR LEBENSQUALITÄT

Fotos und Food Styling:
Sandra Mahut

h.f.ullmann

Wie viele Menschen unserer Zeit habe auch ich erst nach einer Erkrankung begonnen, mich mit Naturheilkunde zu beschäftigen. Für mich war das ein Wendepunkt. In China, wo ich damals beruflich in einem völlig anderen Bereich tätig war, kam ich über Yoga schließlich zum Ayurveda, und mit dem Ende meines dortigen Arbeitsvertrags begann meine Reise ins ayurvedische Universum. Ein tibetisches Sprichwort sagt: „Eine Reise ist die Besinnung auf das Wesentliche." Und was könnte wesentlicher sein, als dass wir selbst und alle, die uns nahestehen, gesund sind und uns wohlfühlen?

Die Geschichte des Ayurveda klingt wie eine Sage aus uralten Zeiten. Sein jahrtausendealtes Wissen basiert auf den vier vedischen Gesängen aus der Zeit zwischen 20 000 und 3000 vor Christus, die lange nur mündlich tradiert und erst im dritten vorchristlichen Jahrtausend niedergeschrieben wurden. Sie bilden die philosophischen und religiösen Grundlagen der indischen Kultur mit Aus-

nahme des Buddhismus und des Jainismus. Der Überlieferung nach wurde Ayurveda anfangs von Weisen und Ärzten praktiziert, die sich angesichts der ersten Stadtgründungen um Gesundheit und Wohlergehen der auf engem Raum lebenden Menschen sorgten. Ihre Lehre gibt Antwort auf unsere körperlichen und sozialen Bedürfnisse und hat sich trotz der späteren Formalisierung ständig weiterentwickelt. Ihr Ziel ist es, den Menschen in einem veränderlichen, von immer komplexeren Zwängen beherrschten Lebensumfeld zu unterstützen und mit sich in Einklang zu bringen.

Die ayurvedische Ernährung ist Teil dieser uralten Heilkunst. In diesem Buch lade ich Sie ein, dieses einmalige, faszinierende Universum in den vier Jahreszeiten zu erkunden. Ich würde mich freuen, wenn Sie das Prinzip nachvollziehen können und in Ihren Alltag integrieren, um die Vorzüge des Ayurveda für Gesundheit und Wohlbefinden selbst zu erfahren.

Éloïse Figgé

Éloïse Figgé ist Ayurveda-Expertin und lebt in Paris. In der Gesundheitsberatung und -betreuung verfolgt sie einen ganzheitlichen Ansatz. Sie begeistert sich außerdem für die Themen Kochen und Wellbeeing. In ihren Kursen, Workshops und Events wie Detox-Wochenenden dreht es sich um einfache, gesunde vegetarische Küche in Verbindung mit Yoga.

Sandra Salmandjee fühlt sich durch die Küche ihrer indischen Ahnen fest in ihren Wurzeln verankert und lebt ihre Leidenschaft für die indische Küche in ihrem Blog aus. „Sanjee" berät Markenhersteller und Restaurants und veranstaltet Kochworkshops und Events für Firmen- und Privatkunden und kommt in Paris auch zu Kochkursen und zum Schaukochen ins Haus.

Inhalt

Grundlagen

Rezepte

TEIL 1

Grundlagen

AYURVEDA

Eine uralte Heilkunde

Der Ayurveda war die erste Niederschrift von uraltem ärztlichem Wissen. Das Sanskritwort bedeutet „Wissen vom (langen) Leben", denn Ayurveda hat zum Ziel, dass Menschen länger und gesünder leben. Die Grundlage der Lehre bilden drei medizinische Werke: Charaka Samhita (innere Medizin), Sushruta Samhita (Chirurgie) und Ashtanga Hridaya (Auswertung und Vertiefung der beiden anderen Texte). Jahrhunderte später kamen weitere Grundlagentexte hinzu. Überhaupt entwickelt sich Ayurveda ständig weiter. **Es ist ein logisches wissenschaftliches System auf der Grundlage jahrhundertelanger Beobachtungen und Experimente. Die drei Grundpfeiler sind Ernährung, Lebensweise und Pflanzenheilkunde.**

Eine medizinische Wissenschaft

Ayurveda ist eine uralte indische Gesundheitslehre, die Krankheiten **nicht nur vorbeugt, sondern auch heilt.** Man kann damit allein oder ergänzend zu anderen Therapien Störungen aller Art wirksam behandeln, von Verdauungsproblemen über Arthritis, Hautkrankheiten, Über- und Untergewicht bis zu Vergesslichkeit und Schlafstörungen.

Das Individuum im Zentrum

Im Ayurveda steht immer der einzelne Mensch mit all seinen Besonderheiten im Mittelpunkt. Diese Einzigartigkeit entsteht durch unsere bei der Geburt angelegte Konstitution („Prakriti"). Im Alltag sind wir von unserem Naturzustand allerdings oft weit entfernt. Unseren Ist-Zustand nennt man „Vikriti". Im Ayurveda geht es um die Diskrepanz zwischen beiden Zuständen, denn das Ungleichgewicht öffnet Krankheiten Tür und Tor. **Das Ziel des Ayurveda ist, einen Zustand vollkommener Gesundheit herzustellen und zu bewahren.**

Die Grundlagen: die fünf Elemente und die drei Doshas

Nach der ayurvedischen Lehre wird der Mikrokosmos unseres Körpers durch den Makrokosmos wie Umweltbedingungen und Ernährung beeinflusst. Ayurveda basiert auf einem System aus fünf Elementen mit unterschiedlichen Eigenschaften. Gesundheit ist aus dieser Sicht ein fließender Zustand, in dem die fünf Elemente ständig überwacht und – mithilfe der Doshas – wieder ins Gleichgewicht gebracht werden müssen, damit es nicht zu Unstimmigkeiten zwischen ihnen kommt. Die fünf Elemente sind:

• Äther (Raum)

• Luft

• Feuer

• Wasser

• Erde

	VATA	PITTA	KAPHA
Elemente	Luft + Äther	Feuer + Wasser	Wasser + Erde
Bedeutung	„das Zirkulierende" Wind, Atem	„das Verdauende" Galle	„das Bindende" Schleim
Hauptaufgabe	Bewegung	Umwandlung	Struktur, Ernährung

Was versteht man unter Doshas?

Als Doshas bezeichnet man die drei biologischen Funktionsprinzipien, die diese fünf Elemente steuern. Jedes Dosha hat eine spezielle Aufgabe (Stoffwechsel, Physiologie, Psychologie) und ganz bestimmte Eigenschaften. Die Ausprägung jedes der drei Doshas bestimmt unsere Konstitution.

Doshas sind so gesehen **drei kluge Kräfte, die in unserem Körper gemeinsam walten.** Es sind Bioenergien, die sich in ihren Manifestationen (Wirkungen) zu erkennen geben. Diese Tridosha-Theorie (Theorie der drei Doshas) bildet die Grundlage des Ayurveda.

Ziel ist dabei nicht eine Klassifizierung nach unserer Konstitution, sondern die Erklärung, warum wir unterschiedlich funktionieren und was dabei geschieht. Das Konzept der „Normalität" ist dem Ayurveda fremd. Allein die Kenntnis unserer Konstitution liefert den Schlüssel zum Verstehen unseres Organismus.

Die Doshas kommen im Ayurveda auf unterschiedliche Weise zum Tragen. Auf anatomischer und physiologischer Ebene beschreiben sie unsere Konstitution und unseren jeweiligen Ist-Zustand, aus pathologischer Sicht geben sie Anhaltspunkte für Krankheitsursachen und -ausprägungen. Im Alltag geben sie uns Begriffe an die Hand, die wir u. a. den Tages- und Jahreszeiten, Nahrungsmitteln oder Behandlungsformen zuordnen können.

Das Konzept der Eigenschaften

Um die Funktion der Doshas zu verstehen, müssen wir auf das Konzept der Lebensprinzipien oder Eigenschaften zurückkommen. Es handelt sich dabei um beschreibende Adjektive, denn den Veden zufolge besteht jeder Stoff aus dem untrennbaren Zusammenspiel seiner Eigenschaften und Wirkungen.

Die Eigenschaften eines Stoffes steuern seine Wirkungen. Ayurveda arbeitet mit einem System, mit dem sich jeder Stoff beschreiben lässt. Da das ayurvedische System ebenso wie das chinesische Yin und Yang auf dem Dualismus der Materie basiert, stehen sich dabei zehn Gegensatzpaare gegenüber, mit denen man jeden (strukturellen und funktionellen) Gegenstand definieren kann.

schwer	hell (P)/leicht (V)
langsam/schwach	schnell/durchdringend
eisig (V)/kalt (K)	heiß
ölig (P)/fettig, feucht (K)	trocken
glatt	rau
fest	feucht (K)/flüssig (P)
weich	hart
fein	grob
beweglich (V)/streuend, progressiv (P)	stabil
durchsichtig	undurchsichtig/trüb

Diese zehn Gegensatzpaare bilden das ayurvedische Arbeitsmodell. Ihre Beobachtung und Bestimmung dient als Grundlage für Therapien und Heilmittel.

Eigenschaften und Doshas

DOSHAS	ELEMENTE	EIGENSCHAFTEN
Vata	Luft + Äther	trocken, leicht, eisig, rau, fein, beweglich, durchsichtig
Pitta	Wasser + Feuer	ölig, durchdringend, heiß, hell, progressiv, flüssig
Kapha	Wasser + Erde	schwer, langsam, kalt, glatt, fest, weich, stabil, flüssig

Eigenschaften und Konstitution

Entsprechend den Eigenschaften, die uns von Natur aus seit unserer Geburt gegeben sind, lässt sich unsere Grundkonstitution exakt festlegen. Bei jedem Menschen sind alle drei Doshas in der Konstitution vertreten, jedoch in unterschiedlichen Anteilen und vor allem mit verschiedenen Eigenschaften, die sich auf mannigfaltige Weise ausdrücken können. Wenn wir unsere Eigenschaften kennen, verstehen wir auch besser, wie sich unser Ist-Zustand zu unserem idealen Gesundheitszustand verhält.

Es gibt viele Fragebögen, mit deren Hilfe wir unsere Konstitution selbst ermitteln können. Dabei muss man jedoch sehr genau unterscheiden zwischen dem, was uns seit unserer Geburt ausmacht („Prakriti"), und den Dingen, die unser aktuelles Befinden beeinflussen („Vikriti"). Da das oft nicht ganz einfach ist, empfiehlt es sich, einen Experten oder eine Expertin für Ayurveda zu Rate zu ziehen. Sie beherrschen eine bestimmte Fragetechnik und haben Erfahrungen mit der Pulsdiagnostik.

DIE AYURVEDISCHE ERNÄHRUNG

Die Bedeutung der Enzyme

Im Ayurveda ist die Verdauung der Schlüssel zur Gesundheit, denn mithilfe unseres Verdauungssystems führen wir unserem Körper alle Energie zu, die er benötigt. Zugleich nehmen wir dabei die Grundbausteine für die Bildung aller körpereigenen Stoffe auf, die das reibungslose Funktionieren unseres Organismus gewährleisten.

Eine gute Verdauung ist entscheidend dafür, ob wir gesund sind und uns wohlfühlen. Beim Ayurveda geht es deshalb nicht nur darum, was wir essen und trinken, sondern auch, was unser Körper davon tatsächlich verwertet. Die Hauptaufgabe unserer Verdauungsenzyme besteht darin, die Aufnahme der Nährstoffe zu ermöglichen. Es sind Proteine, die überall in unserem Magen-Darmtrakt die Verdauung vorbereiten. Sie befinden sich im Speichel ebenso wie in den Magenwänden, im Pankreassaft und im Darm. Zu den bekannteren zälen Protease, Lipase, Amylase, Zellulase oder Laktase.

Diese spezifischen Proteine haften sich an die großen Moleküle unserer Nahrung und spalten sie in kleinere Moleküle auf (z. B. Stärke, Saccharose, Glukose, Laktose und Fettsäuren), um sie überhaupt verdaubar zu machen. Ohne ausreichende Enzymsekretion gibt es bei der Verdauung Probleme, die in chronische Störungen münden können. Enzyme reagieren sehr empfindlich auf Hitze, aber auch auf einen Säureüberschuss oder -mangel in ihrer Umgebung.

Jedes Ungleichgewicht stört ihre Sekretion und Funktion – mit der Folge, dass der Organismus nicht in der Lage ist, Nahrungsmittel angemessen zu verdauen. Das wiederum hemmt die Nährstoffaufnahme und fördert Fetteinlagerung. Das Gleiche passiert auch bei schlechten Essgewohnheiten. Anzeichen für eine gestörte Enzymtätigkeit sind u. a. Nahrungsmittelallergien, Blähungen, Völlegefühl oder Erschöpfung.

Enzyme erfüllen auch andere wichtige Aufgaben. Stoffwechselenzyme sind zuständig für Bildung, Funktion und Reparatur von Zellen im Gewebe. Sie spielen eine entscheidende Rolle für die Immunabwehr, auch für Nerven, Atmung und Sexualität.

In jedem Augenblick sind Tausende verschiedene Verdauungsenzyme an sämtlichen Abläufen in unserem Körper beteiligt. **Ein ayurvedischer Ansatz beginnt deshalb immer mit einem Enzymstatus.** Bei der Geburt bringt jeder von uns eine individuelle Grundausstattung an Enzymen mit. Der Stoffwechsel jedes Menschen ist einmalig und verlangt nach einer entsprechend abgestimmten Ernährung.

Ayurveda stellt sich die Aktion der Enzyme als großes Feuer vor. Wie ein Lagerfeuer muss man dieses „Agni" ständig in Gang halten, es manchmal auflodern lassen und manchmal zügeln. Entscheidend ist das Gleichgewicht. Aus ayurvedischer Sicht deutet ein regelmäßiger, herzhafter Appetit darauf hin, dass unser Agni stark und gleichmäßig brennt.

Eine bewusste Entscheidung

Wichtig ist nach der ayurvedischen Lehre nicht nur, was wir essen, sondern auch wie wir es zu uns nehmen. Im hektischen Alltagsleben sind wir oft gezwungen, unterwegs, zwischen zwei Terminen oder am Schreibtisch in aller Eile etwas herunterzuschlingen. Gerade weil uns die Zeit und Energie dafür fehlt, achten wir kaum darauf, was wir dem Körper zuführen. Dabei gilt es auch in der Ernährung bestimmte Spielregeln zu beachten.

Umgang mit Nahrungsmitteln

Wie nehmen wir unsere Nahrung wahr? Ist Essen eine Notwendigkeit? Ein Seelentröster? Eher positiv oder eher negativ besetzt? Haben wir beim Essen ein schlechtes Gewissen? Macht es uns Freude? All das wirkt sich auf die Stoffwechselvorgänge in unserem Körper aus. Ayurveda hat zum Ziel, dass wir mit Freude essen, denn in ausgewogenem Umfang ist Genuss unser bester Verbündeter im richtigen Umgang mit unserer Nahrung. Wir sollten uns ohne Gier und ohne Widerwillen einfach auf unser Essen freuen. Die beste Speise bekommt uns nicht, wenn wir sie nicht mögen.

Konzentriert essen

Aus Sicht des Ayurveda ist Essen eine bewusste Entscheidung. Wenn wir Nahrung zu uns nehmen, sollten wir uns darauf konzentrieren. Warum? Wenn wir mit unserer Aufmerksamkeit hierhin und dorthin springen, verzetteln wir uns auf Kosten der Verdauungstätigkeit. Ausschlaggebend ist die bewusste Kraft des Geistes. Wenn wir von etwas überzeugt sind und es achtsam durchführen, haben wir davon weit mehr, als wenn wir es mechanisch und gedankenlos tun. Wie aber isst man achtsam? Man konzentriert sich einfach auf die Nahrung und genießt sie – ohne dabei fernzusehen, Radio zu hören, Zeitung zu lesen oder SMS zu schreiben. Falls Ihnen das anfangs ungewohnt erscheint, probieren Sie es bei einem Essen im Freundeskreis aus.

Nahrung für unsere fünf Sinne

Nahrungsmittel sollen nicht nur unseren Hunger stillen und unseren Bedarf an Energie und Nährstoffen decken, sondern auch unsere fünf Sinne und unseren Geist ansprechen und uns Genuss bereiten. Denn ebenso wichtig wie der Geschmack ist auch, wie Nahrung duftet, aussieht, sich anfühlt und sogar anhört.

DIE SECHS GESCHMACKSRICHTUNGEN

Doshas und Geschmacksrichtungen

Auf der Grundlage der fünf Elemente ordnet man im Ayurveda Nahrungsmittel bestimmten Geschmacksrichtungen zu. Diese Kategorien haben jeweils eine bestimmte Wirkung auf den Stoffwechsel und die Verdauung.

• **Die Geschmacksrichtungen:** Man unterscheidet sechs grundlegende Geschmacksrichtungen, die auf physiologischer und psychologischer Ebene stark voneinander abweichen. Auf die Doshas wirken sie sich unterschiedlich aus.

Geschmacksrichtungen und Elemente

GESCHMACKS-RICHTUNG	ELEMENTE
Süß/neutral	Erde und Wasser
Sauer	Erde und Feuer
Salzig	Feuer und Wasser
Scharf	Feuer und Luft
Bitter	Luft und Äther
Herb	Luft und Erde

GESCHMACKS-RICHTUNG	BEISPIELE FÜR NAHRUNGSMITTEL
Süß/neutral	Milch, Getreide, bestimmte Obstsorten (Bananen, Mangos, Datteln), gegartes Gemüse (Rote Beten, Kürbisse, Süßkartoffeln), Öle, Ghee
Sauer	Zitronen/Limetten, Grapefruits, vergorene Nahrungsmittel (Sojasauce, Miso, Sauergemüse, Alkohol, Essig), Sauermilchprodukte (Joghurt, saure Sahne)
Salzig	Verschiedene Salze, Algen
Scharf	Knoblauch, Ingwer, Asant, Pfeffer, Zwiebeln, Rettich/Radieschen
Bitter	Kurkuma, Aloe vera, Chicorée, Kopfsalat, grüne Blattgemüse, Auberginen, Zucchini, Kaffee, Oliven, Schokolade
Herb	Dörrobst, rohes Gemüse, Granatäpfel, Cranberrys, Birnen, Brokkoli, Blumenkohl, Spargel, grüne Bohnen, Speiserüben, Buchweizen, Quinoa, Pflanzen generell

Wenn man weiß, wie die Geschmacksrichtungen mit den Elementen verknüpft sind, wird sofort klar, welche ausgleichend und welche im Übermaß störend auf die Doshas wirken.

TYP	ELEMENTE	GESCHMACKS-RICHTUNG	AUSGLEICHEND	STÖREND
Vata	Luft und Äther	Bitter	Süß/sauer/salzig	Scharf/bitter/herb
Pitta	Feuer und Wasser	Salzig	Süß/bitter/herb	Sauer/salzig/scharf
Kapha	Wasser und Erde	Süß	Scharf/bitter/herb	Süß/sauer/salzig

Für eine gesunde, ausgewogene Ernährung sollen im Ayurveda jeweils alle sechs Geschmacksrichtungen auf dem Teller vertreten sein. Ayurveda lehrt den natürlichen, richtigen Umgang mit Lebensmitteln und Gewürzen. Ihre Aromen, Eigenschaften und Wirkungen können, wenn wir sie vernünftig und in Maßen einsetzen, unsere Nahrung bekömmlicher und leichter verdaulich machen und unserer Gesundheit nützen.

- **Stoffwechselwirkung:** die Fähigkeit von Nahrungsmitteln, den Körper zu „wärmen" oder „abzukühlen", und die Tätigkeit der Stoffwechselenzyme. Da Vata und Kapha beide kalt sind, sagen diesen Menschen meist wärmende Speisen zu, während Pitta-Typen eher Kühlendes bevorzugen. Das wechselt jedoch je nach Verfassung, Ort, Jahreszeit usw.

- **Verdauungswirkung:** Effekt eines verdauten Nahrungsmittels auf das Wachstum/die Regeneration von Geweben (Anabolismus) oder aber ihren Abbau oder ihre Entgiftung (Katabolismus).

GESCHMACKS-RICHTUNG	STOFFWECH-SELWIRKUNG	VERDAUUNGS-WIRKUNG
Süß	kühlend	stark gewebe-aufbauend
Sauer	wärmend	gewebe-aufbauend
Salzig	wärmend	leicht gewebe-aufbauend
Scharf	wärmend	gewebe-abbauend
Bitter	kühlend	stark gewebe-abbauend
Herb	kühlend	leicht gewebe-abbauend

GESCHMACKS-RICHTUNG	WIRKUNG AUF DEN STOFFWECHSEL
Süß/neutral	• baut Gewebe auf und regeneriert sie, wirkt anregend auf Körperflüssigkeiten, Blut, Muskeln, Körperfett, Knochen und Nerven • spendet Kraft und Energie • regt Immunabwehr, Wachstum und Fortpflanzung an • schenkt Genuss, Liebe und Schwung
Sauer	• regt Verdauung und Ausscheidung an • verbessert die Tätigkeit der Sinne (Sehkraft, Gehör) • erhöht die Körpertemperatur, steigert die Sekretion • gibt Kraft
Salzig	• fördert die Verdauung • verhindert die Ansammlung von Giftstoffen im Gewebe • erhöht die Speichelproduktion • wirkt leicht abführend • schenkt Begeisterung und Mut
Scharf	• regt den Appetit sowie die Verdauung, Resorption und Aufnahme von Nährstoffen an • steigert Durchblutung und Temperatur (und fördert damit Schwitzen) • verringert die Gasbildung im Darm • reinigt Blut und Haut • schenkt Schwung und Leidenschaft
Bitter	• reinigt das Blut und entgiftet den Organismus • verringert die Körperflüssigkeiten • verbessert Hautbeschwerden • wirkt entzündungshemmend • steigert die Wirkung der übrigen Geschmacksrichtungen • steigert die geistige Wachheit
Herb (zusammenziehend)	• erhöht den Muskeltonus • wirkt entzündungshemmend • bringt Blutungen zum Stillstand • fördert die Verdauung • steigert die Kreativität

Ein Gleichgewicht ohne Verbote

Dass bestimmte Geschmacksrichtungen oder Nahrungsmittel gemieden werden sollten, meint nicht, dass sie verboten wären. **Aus Sicht des Ayurveda sind Nahrungsmittel und Geschmacksrichtungen weder gut noch schlecht.** Entscheidend sind unsere Konstitution, die Menge, die Zubereitungsart, die Jahreszeit und der Zeitpunkt der Mahlzeit.

Die drei Qualitäten

Ayurveda geht davon aus, dass Nahrungsmittel eine Wirkung auf Gefühle, Willenskraft und Temperament ausüben. Die Nahrungsmittel beeinflussen unseren Geist in Gestalt der drei geistigen Qualitäten (Gunas):

- **Sattva** verkörpert Liebe, Helligkeit, Verständnis, Mitleid, Frieden und Reinheit.
- **Rajas** steht für Bewegung, Leidenschaft, Aktivität, Verlangen und Ehrgeiz.
- **Tamas** drückt sich aus in Trägheit, Dunkelheit, Langsamkeit und Gleichgültigkeit.

Sattvische Nahrungsmittel vermitteln Freude und einen klaren Geist; rajastische fördern die Sinnlichkeit, Esslust, Aktivität und Sexualität; tamastische unterstützen Entspannung und Schlaf. Im Alltag benötigen wir alle drei Prinzipien: Sattva beim Aufstehen, Rajas im aktiven Tageslauf und Tamas beim Schlafengehen. Deshalb ist es wichtig, dass wir Nahrungsmittel aller drei Qualitäten verzehren; unsere Nahrung sollte im Idealfall zu

NAHRUNG	TAMAS	RAJAS	SATTVA
Obst	Avocado, Wassermelonen, Pflaumen, Aprikosen	Säuerliches Obst, Orangen, Äpfel, Tamarinden	Mangos, Granatäpfel, Kokosnüsse, Feigen, Pfirsiche, Birnen
Gemüse	Pilze, Knoblauch, Zwiebeln, Hokkaidokürbis	Kartoffeln, Nachtschattengewächse, Blumenkohl, Brokkoli, Spinat, Kürbis	Süßkartoffeln, Kopfsalat, Petersilie, Sprossen, Zucchini, Spargel, Artischocken
Getreide	Weizen, Naturreis	Hirse, Mais, Buchweizen	Basmatireis, Tapioka, Quinoa, Graupen
Hülsenfrüchte	Urdbohnen, schwarze Bohnen, Wachtelbohnen und rote Bohnen	Braune Linsen, Erbsen, Azukibohnen sowie Wachtelbohnen, schwarze oder rote Bohnen in kleinen Mengen	Mungbohnen, rote und gelbe Linsen, Limabohnen
Milchprodukte	Hartkäse (gereift), H-Milch, Eier	Sahne, gesalzene Butter, Weichkäse, Eiskrem	Frische vollfette Rohmilch, Kuhmilch, Ghee, Streichkäse
Fleisch	Rind, Schwein, Lamm	Fisch, Garnelen, Hähnchen	–
Nüsse/Samen	Erdnüsse, schwarze Sesamsaat	Die meisten Nüsse, braune Sesamsaat	Mandeln, weiße Sesamsaat, Sonnenblumenkerne
Gewürze	Muskatnuss, scharfe Chilischoten	Curry, Chili, Cayennepfeffer, schwarzer Pfeffer	Safran, Kardamom, Koriander, Fenchel, Kreuzkümmel
Zucker	Melasse, Stevia, Haushaltszucker	Süßstoffe, erhitzter Honig	Rohzucker, Honig, Rohrzucker, Kokosblütenzucker
Genussmittel	Alkohol, Drogen	Kaffee, schwarzer und grüner Tee	Bestimmte Kräutertees

40 Prozent sattvisch, zu 30 Prozent rajastisch und zu 30 Prozent tamastisch sein. Zu viel Sattva macht zerstreut, zu viel Rajas mündet in Wut, Eifersucht, Egoismus und Gewalttätigkeit, zu viel Tamas begünstigt Trägheit, Faulenzerei, Pessimismus und Depressionen.

Kräuter und Gewürze

Gewürze sind ein zentrales Element der ayurvedischen Ernährung. Abgesehen von ihren geschmacklichen Vorzügen schätzen viele Kulturen seit alters her ihre verdauungsfördernde Wirkung.

Im Ayurveda setzt man sie als „Heilmittel" ein, weil sie andere Nahrungsmittel ausgewogener machen. Gewürze verändern die Qualitäten der Speisen, sodass wir sie besser an unsere Konstitution oder an die Jahreszeit anpassen und mehr davon haben können. Zudem wirken Gewürze anregend, entblähend, schweißtreibend, stimulierend, abführend und vieles mehr.

ZUBEREITUNGSARTEN UND DOSHAS

Die Zubereitungsart wirkt sich auf Körper und Verdauung unterschiedlich aus. Die abendländische Ernährungslehre weiß, dass die Art der Zubereitung den Gehalt an Vitaminen und Mineralstoffen beeinflusst. Ayurveda geht einen Schritt weiter und unterteilt die Gartechniken danach, wie ausgleichend sie auf die einzelnen Doshas wirken. Die besten Methoden für alle drei Doshas sind das Dämpfen, Dünsten, Pürieren oder Mörsern sowie das Einweichen oder Keimen. Vor allem das Dünsten empfiehlt sich für die meisten Speisen. Gewürze werden meist im Ganzen, aber auch gemahlen kurz angebraten, um ihre Wirkung freizusetzen und zu verstärken. Öle und Ghee sind die Vermittler zwischen den verschiedenen Geweben unseres Organismus.

Welche Öle sind die besten?

Im Sanskrit heißt Speiseöl „sneha", was „fett", aber auch „Liebe" bedeutet. Öl nährt alle Körpergewebe und unseren Geist. Für unseren Organismus sind Lipide die wichtigsten Energielieferanten. Sie steigern unsere Körpertemperatur, dienen unserem Verdauungstrakt als Gleitmittel, liefern die für die Aufnahme der Vitamine A, D, K und E benötigten Fettsäuren sowie die Grundbausteine für die Hormonsekretion. Sie sättigen und machen Teint, Haare und Haut geschmeidig. Man unterscheidet zwischen einfach und mehrfach ungesättigten Fettsäuren, die wir in Form flüssiger Öle verwenden, und gehärteten gesättigten Fettsäuren. Einfach ungesättigte Fette sind reich an Omega-9-Fettsäuren. Mehrfach ungesättigte Fette liefern vor allem Omega-3- und Omega-6-Fettsäuren. Omega-3 und Omega-9 sollten bevorzugt werden, da unsere Nahrung heute ohnehin reich an Omega-6 ist. Wegen ihrer von Natur aus enthaltenen Nährstoffe am besten sind native (kaltgepresste) Öle, möglichst aus erster Pressung.

Grundlagen

	WINTER	FRÜHLING	SOMMER	HERBST
Roh	Leinöl, Kürbiskernöl, Sesamöl, Mandelöl, Distelöl, Leindotteröl	Leinöl, Rapsöl, Distelöl, Traubenkernöl, Olivenöl, Kürbiskernöl	Rapsöl, Traubenkernöl, Olivenöl, Arganöl, Kürbiskernöl, Mohnöl, Leindotteröl, Mariendistelöl	Mandelöl, Rapsöl, Haselnussöl, Walnussöl, Distelöl, Olivenöl, Arganöl, Pistazienöl, Cashewnussöl, Mohnöl, Leindotteröl
Zum Kochen	Ghee, Olivenöl, Sesamöl, Sonnenblumenöl, Maiskeimöl, Mandelöl (niedrige Temperatur)	Ghee, Sonnenblumenöl, Maiskeimöl, Sonnenblumenöl, Olivenöl	Ghee, Sojaöl, Olivenöl, Sonnenblumenöl, Kokosöl, Avocadoöl	Ghee, Sesamöl, Olivenöl, Sonnenblumenöl, Avocadoöl, Senföl, Mandelöl (niedrige Temperatur)

Was ist Ghee?

Das in Indien sehr beliebte Ghee ist nichts anderes als geklärte Butter (Butterschmalz). Es ist zwar ein Milchprodukt, aber frei von Laktose und Kasein und deshalb auch für Menschen mit Laktoseintoleranz geeignet. Da es erheblich höher erhitzbar ist als Butter, eignet es sich bestens zum Braten.

Ghee ist nicht nur köstlich, sondern auch ein Heilmittel: Es wirkt regenerierend, schützt das Knochenmark und die Nervengewebe, stärkt die Immunabwehr, unterstützt das Gedächtnis und vieles mehr. Ghee ist für alle drei Doshas geeignet, sollte aber bei ausgeprägtem Kapha nur in Maßen verzehrt werden.

Darüber hinaus übernimmt und verstärkt Ghee beim Garen die Eigenschaften der Nahrungsmittel und Gewürze, wohingegen Öl sie verändert.

REZEPT FÜR GHEE

Zutaten für 500 ml Ghee

500 g Bio-Butter
1 Seihtuch oder sehr feines Sieb (zum Filtern der Butter)

Die Butter grob würfeln und in einem schweren Topf je nach Wassergehalt 45–60 Minuten auf mittlerer Hitze köcheln lassen, dabei von Zeit zu Zeit den Schaum abschöpfen.

Die flüssige Butter durch ein Seihtuch oder feines Sieb geben, um Rückstände herauszufiltern.

Das Ghee in ein Schraubglas gießen und fest verschließen. Nach dem Erkalten das erstarrte Ghee im Kühlschrank oder bei Zimmertemperatur lagern.

DIE ZEHN GRUNDREGELN DER AYURVEDISCHEN ERNÄHRUNG

1 • Ich esse in einer Umgebung, in der ich mich wohlfühle. Ein wichtiger Aspekt, denn je nach Umfeld können wir uns beim Essen entspannen oder stehen unter Druck.

2 • Ich esse allein oder in netter Gesellschaft. Aus Sicht des Ayurveda ist es sinnvoll, allein oder mit Menschen zu essen, die wir gern um uns haben. Streit und Unbehagen während der Mahlzeiten hemmen die Verdauung.

3 • Ich esse nicht, wenn ich emotional aufgewühlt bin. Wer isst, obwohl er wütend, traurig oder deprimiert ist, hat garantiert eine schlechte Verdauung, denn er ist mit der Aufmerksamkeit nicht beim Essen. Wenn wir intensiv über andere Dinge nachdenken, merken wir zudem nicht, wenn wir satt sind.

4 • Ich esse entsprechend der Jahreszeit und meiner Konstitution und zu regelmäßigen Zeiten. Um gut zu funktionieren, braucht unser Organismus ebenso konstante Abläufe wie unser Geist. Deshalb sollten wir regelmäßige Essenszeiten einhalten, die sich nach der Jahreszeit und unseren Aktivitäten richten.

5 • Ich esse nur so viel, wie ich verdauen kann und ich kaue gründlich! Der Körper sagt uns, wann wir genug gegessen haben – und das ist nicht immer erst, wenn der Teller leer ist! Der ayurvedischen Lehre zufolge soll der Magen nach dem Essen zu je einem Drittel mit fester und flüssiger Nahrung gefüllt und zu einem Drittel leer sein, denn so kann er optimal arbeiten. Diese Leichtigkeit verhindert viele unangenehme Erscheinungen wie Müdigkeit oder Antriebslosigkeit, die typischerweise nach dem Essen auftreten. Lassen Sie sich Zeit und kauen Sie gründlich. Sie nehmen dann den Geschmack der Speisen besser wahr und erleichtern Ihren Verdauungsorganen die Arbeit.

6 • Ich esse Nahrungsmittel, die zu meinem aktuellen Befinden (Alter, Jahreszeit, Aktivität) und zu meiner Konstitution passen.

7 • Meine Ernährung umfasst alle sechs Geschmacksrichtungen.

8 • Ich esse hausgemachte Speisen aus hochwertigen Zutaten (so oft es geht frisch, der Jahreszeit entsprechend, in Bio-Qualität, aus nachhaltigem Anbau aus der Region).

9 • Ich esse einfache, gut zubereitete Produkte. Im Ayurveda ist selten die Rede von Superfoods, auch wenn sie gelegentlich verwendet werden. Meiner Meinung nach sollten wir uns auf alltägliche Nahrungsmittel konzentrieren, die wir in der Nähe besorgen und mit Liebe zubereiten.

10 • Ich verwende mit Mineralstoffen angereicherte Salze. Sie enthalten mehr Nährstoffe und wärmen weniger als Meersalz.

Die Nahrungsmittel-Reihenfolge

Geschmacksrichtungen wirken unterschiedlich auf unsere Verdauung. Deshalb sollten wir die Speisen in einer bestimmten Reihenfolge zu uns nehmen.

1 • Süß/neutral

Die Mahlzeit beginnt mit der süßen, milden bis neutralen Geschmacksrichtung etwa mit Getreide, Fleisch, Brot, bestimmten gegarten Gemüsesorten, eigentlich allen festen Nahrungsmitteln. Viele davon sind gehaltvoll und deshalb relativ schwer verdaulich.

2 • Sauer/säuerlich

Diese Geschmacksrichtung kurbelt die Sekretion der Verdauungsenzyme an. Nach dem süßen, kühlenden, schweren Auftakt lodert das Verdauungsfeuer dank ihrer wärmenden Wirkung wieder auf. Saure fermentierte Nahrungsmittel können auch vor der Mahlzeit verzehrt werden, sie regen den Appetit an.

3 • Salzig

Auch salzige Speisen regen die Verdauung an und sorgen für Wohlgeschmack.

4 • Scharf/würzig

Alles Scharfe und Würzige erhöht die Körpertemperatur, steigert die Durchblutung und fördert die Ausscheidung.

5 • Bitter/herb

Die Geschmacksrichtungen Bitter und Herb schließen die Mahlzeit ab. Sie hinterlassen ein trockenes Gefühl im Mund, dämpfen den Hunger und zügeln das Verdauungsfeuer. Sie stillen die Gier auf süßen Nachtisch!

Ungünstige Kombinationen

Bestimmte Nahrungsmittel sollten nicht bei derselben Mahlzeit verzehrt werden, weil ihre Kombination die Verdauung stört:

SPEISEN	UNGÜNSTIGE BEGLEITER
Hülsenfrüchte	Obst, Eier, Käse, Fisch, Milch, Fleisch, Joghurt
Eier	Obst (vor allem Melone), Hülsenfrüchte, Käse, Fisch, Milch, Fleisch, Joghurt
Obst	Andere Obstsorten. Lieber einzeln außerhalb der Mahlzeiten verzehren.
Getreide	Obst, Tapioka
Honig	Ghee im Verhältnis 1:1
Zitrone	Gurken, Milch, Tomaten, Joghurt
Melonen	Insbesondere Milchprodukte, Eier, Frittiertes, Getreide, Cracker, Stärke
Milch	Bananen, Kirschen, saures Obst, Brot, Fisch, Fleisch, Joghurt
Auberginen, Tomaten, Kartoffeln	Melonen, Gurken, Milchprodukte
Rettich/Radieschen	Bananen, Trauben, Milch
Tapioka	Obst (besonders Bananen und Mangos), Hülsenfrüchte, Rosinen
Joghurt	Obst, Käse, Eier, Fisch, Fleisch, Milch, Auberginen, Kartoffeln, Tomaten

Anzeichen einer schlechten Verdauung

Die folgenden Symptome deuten auf Verdauungsstörungen hin: Verstopfung, Gasbildung, Blähungen, Gewichtszu- und -abnahme, Schläfrigkeit, Bauchkrämpfe, Erschöpfungszustände, saures Aufstoßen, weicher Stuhl, Übelkeit, Magengeschwüre, Allergien.

Wie kurbelt man seine Verdauung an?

• **Vor dem Essen:** Um die Verdauung in Gang zu bringen, eignet sich eine kleine Menge Saures oder Fermentiertes wie Sauergemüse, Kefir oder Kombucha. Es reicht auch ein Stückchen frischer Ingwer mit einer Messerspitze Salz und einem Spritzer Zitronensaft.

• **Beim Essen:** Um dem Magen die Arbeit zu erleichtern, trinkt man in kleinen Schlucken warmes Wasser oder heißen Kräutertee. Nehmen Sie sich Zeit zum bewussten Kauen.

• **Nach dem Essen:** Bringen Sie die Verdauung in Schwung. Verzichten Sie am Schluss der Mahlzeit auf Süßspeisen und eiskalte Getränke. Trinken Sie in der ersten Stunde nach der Mahlzeit nichts, mit Ausnahme von Tees aus verdauungsfördernden Kräutern, die Sie sich möglichst oft gönnen sollten. Genießen Sie zum Abschluss einen Lassi aus ½ Becher Joghurt, 100 ml Wasser und je 2 Messerspitzen gemahlenem Ingwer und Kreuzkümmel. Machen Sie einen zehnminütigen Verdauungsspaziergang.

Tipps für eine gute Verdauung:

NAHRUNGSMITTEL	AUSGLEICHENDE WIRKUNG
Vollmilch	Zweimaliges Aufkochen, Safran
Käse	Schwarzer Pfeffer, Chili
Joghurt	Kreuzkümmel oder Ingwer; pflanzlicher Joghurt
Eiskrem	Gewürznelken, Zimt, Kardamom
Hülsenfrüchte	Asant, Ingwer, Salz, Kombu, Senfsamen, Chili
Reis	Schwarzer Pfeffer
Weizen	Königskümmel (Ajowan), Ingwer
Avocado	Schwarzer Pfeffer, Kurkuma, Zitrone
Kohl	Asant, Kreuzkümmel, Senfsamen, Kurkuma
Kartoffeln	Ghee, schwarzer Pfeffer
Salat	Avocado und/oder Dressing auf Ölbasis
Tomaten	Limetten
Bananen	Kardamom
Mangos	Ghee
Nüsse und Dörrobst	Über Nacht einweichen
Saaten	Ohne Fett in der Pfann rösten
Schokolade	Kardamom
Kaffee	Muskatnuss, Kardamom
Tee	Frischer Ingwer, Zimt
Zucker	Gemahlener Ingwer

Die Ayurveda-Speisekammer

Das tut Ihnen gut

Ingwer

Die chinesische und ayurvedische Heilkunst setzen Ingwerwurzeln traditionell als Heilmittel ein. Die aus Asien stammende Pflanze wird heute weltweit in zahlreichen Sorten angebaut. Frischer Ingwer tut allen drei Doshas gut, vor allem im Sommer. Getrocknet und gemahlen empfiehlt er sich eher im Winter für Vata und Kapha. Bekannt ist er als Aphrodisiakum, aber er wirkt auch wärmend, verdauungsfördernd, abführend, krampflösend, entblähend, antiemetisch, abschwellend, schmerzstillend und kräftigend. Man behandelt damit unter anderem Durchblutungs- und Verdauungsstörungen sowie Knochenbeschwerden. Ingwer schmeckt scharf, süß und salzig zugleich.

Kurkuma (Gelbwurz)

Die aus Südasien, vor allem Südindien stammende Kurkuma ist eine Verwandte des Ingwers und die Königin der ayurvedischen Heilpflanzen. Man verwendet sie frisch oder gemahlen. Obwohl die bittere Komponente überwiegt, gilt sie im Ayurveda als wohltuend für alle drei Doshas. Dass sie sehr gesund ist, bestätigen auch neuere Studien. Bekannt ist ihre entzündungshemmende Wirkung. Kurkuma wirkt außerdem blutreinigend, antibakteriell, krebshemmend, antiallergisch, entwässernd, anregend und krampflösend. Sie wirkt adstringierend und fördert die Wundheilung. Im Ayurveda behandelt man damit vielerlei Erkrankungen. Da sie Blut und Leber reinigt, eignet sie sich zum Entgiften des Körpers und zur Behandlung von Hautproblemen. In Kombination mit schwarzem Pfeffer (Piperin) lässt sich die Bioverfügbarkeit des Curcumins (Wirkstoff der Kurkuma) um 2000 Prozent steigern.

Kardamom

Der in Südindien heimische Kardamom wird gemahlen, als Samen oder Kapsel verwendet. In Indien ist er in süßen ebenso wie pikanten Gerichten sehr gebräuchlich. Sein Geschmack ist zwischen süß und würzig angesiedelt. Kardamom wirkt wärmend und regenerierend auf den Stoffwechsel. Zum Abschluss einer Mahlzeit regt er die Verdauung an und verhütet Magenverstimmungen, Verstopfung, Übelkeit oder Blähungen. Als Säurebinder lindert er Entzündungen und Schmerzen und schützt unseren Körper vor allzu sauren Nahrungsmitteln. Mit Kurkuma macht man Kaffee bekömmlicher und behandelt Atemwegsbeschwerden, Erkältungen, Kreislaufstörungen, Diabetes, Mundgeruch und Verstopfung. Am besten kauft man die Kapseln im Ganzen und mahlt sie erst bei Bedarf, denn dann sind sie frischer und wirksamer. Kardamom passt hervorragend zu süßen und scharfen Speisen wie Fenchel, Orangen, Zimt oder Gewürznelken.

Koriander

Koriander ist wegen seines süß-herben Geschmacks, seiner frischen Kühle und verdauungsfördernden Wirkung in vielen Küchen der Welt beliebt. Er eignet sich für alle drei Doshas. Wegen seiner entzündungshemmenden, kühlenden Eigenschaften wirkt er aber vor allem bei Pitta-Störungen ausgleichend. Koriander regt die Verdauung und den Appetit an, entwässert, dämpft übermäßigen Durst und verbessert die Aufnahme von Nährstoffen und das Geschmacksempfinden. Er macht den Kopf klar und stärkt das Gedächtnis. Man verwendet das frische Kraut oder die Samen im Ganzen oder gemahlen.

Koriandersamen werden oft mit Kreuzkümmel- und Fenchelsamen als Pulver (Churna) oder Tee kombiniertt, denn ihre günstigen Wirkungen auf die Verdauung ergänzen sich. Korianderkraut ist ein bewährter Ausgleich für allzu wärmende oder scharfe Nahrungsmittel.

Senfsamen

Die Senfpflanze gehört wie die Kohlgewächse zu den Kreuzblütlern und wird in vielen Ländern in verschiedenen Sorten angebaut. Verwendet werden in erster Linie die weißen, braunen, roten und schwarzen Samenkörnchen. In westlichen Ländern sind uns die milderen weißen Senfkörner in Form von Tafelsenf am besten vertraut. In Indien schätzt man eher den schärferen schwarzen Senf. Senfsamen sind reich an Mineralstoffen (Magnesium, Kalzium, Phosphor und Kalium). Sie wirken günstig auf Vata und Kapha und steigern tendenziell Pitta. Sie regen Appetit und Verdauung an, entgiften und erhitzen. Man verwendet sie gemahlen oder am besten als Körner. Vorsicht beim Rösten in Öl: Sie springen hoch!

Gewürze

Die Wiege der ayurvedischen Ernährung stand in Indien, dem Land der tausendundein Gewürze, die, wie wir gesehen haben, unsere Enzyme auf erstaunliche Weise beeinflussen. Scheuen Sie sich deshalb nicht, sie oft und reichlich zu verwenden!

Ghee und Sesamöl

Ghee gilt im Ayurveda als ausgeprägt sattvisches Nahrungsmittel. Es verbrennt beim Braten nicht und verleiht Speisen eine sämige Textur. Sesamöl ist in China und Indien seit Urzeiten in Gebrauch. Durch sein bittersüßes Aroma und seine wärmenden, festigenden Eigenschaften passt es vor allem gut zu Vata, allerdings ebenso zu Kapha, wenn auch in geringerer Dosierung. Da Sesamöl ein ausgewogenes Verhältnis zwischen mehrfach und einfach ungesättigten Fettsäuren aufweist, oxidiert es nicht schnell und lässt sich beim Braten gut erhitzen.

Basmatireis

Basmatireis schmeckt süßlich und aromatisch nach Walnüssen und Jasmin. Im Ayurveda ist er der König der Aromen. Angebaut wird er seit Jahrhunderten in Nordindien und Pakistan. Er ist für alle drei Doshas wohltuend. Poliert wirkt er kühlend, als Naturreis eher wärmend. Er passt zu süßen und pikanten Gerichten gleich gut.

Mungbohnen und Dal

Der Begriff „Dal" bezeichnet Gerichte aus Bohnenkernen, Linsen und Erbsen. Hülsenfrüchte sind seit jeher in allen Kulturen ein wichtiges Grundnahrungsmittel. Dals liefern Energie, Kraft, vielfältige Nährstoffe und pflanzliches Eiweiß, sind dabei viel bekömmlicher als tierisches Protein. Im Ayurveda werden Mungbohnen häufig mit Basmatireis und Gewürzen zu „Khichadi" kombiniert und zur Entgiftung eingesetzt. Auch außerhalb Indiens bereitet man Reis zusammen mit Hülsenfrüchten zu, in Spanien beispielsweise mit roten Bohnen, in Japan mit Azuki-Bohnen oder in Thailand mit Sojabohnen. Menschen mit ausgeprägtem Vata vertragen Dals manchmal nicht gut, aber gerade für sie sind sie sehr gesund. Abhilfe schaffen karminative (entblähende) Gewürze wie Kreuzkümmel, Knoblauch oder Asant.

Mungbohnen eignen sich für alle drei Doshas. Man zerkocht sie zu Brei oder lässt die ganzen Bohnen keimen.

Grüne Blattgemüse

Blattgemüse wie Grünkohl, Spinat, Porree, Mangold, Brunnenkresse, Endivie oder Feldsalat eignen sich aufgrund ihrer tendenziell bitteren Geschmacksrichtung vor allem für Pitta und Kapha. Sie reinigen das Blut und die Leber, entgiften und führen ab, sodass sie gern in Detox-Kuren eingesetzt werden. Zudem sind sie reich an Vitaminen und Mineralstoffen.

Knoblauch

Knoblauch gilt in den meisten Kulturen und medizinischen Traditionen als Heilmittel und Nahrung zugleich – heute spricht man von „funktionellen" Lebensmitteln. Nachgewiesen sind viele günstige Eigenschaften: Knoblauch verzögert den Alterungsprozess, stärkt das Herz, reinigt, fördert die Verdauung, wärmt, wirkt antibakteriell, gerinnungshemmend und vieles mehr. Aus ayurvedischer Sicht vereinigt er in sich alle Geschmacksrichtungen außer salzig. Als tamastisches Nahrungsmittel fördert er den wohltuenden Schlaf, entgiftet den Organismus und stärkt das Immunsystem. Für Pitta kann er allerdings im Übermaß allzu stark wärmen und Hautbeschwerden oder Entzündungen begünstigen.

Honig

Honig ist ein vollwertiges, komplexes Nahrungsmittel. Er wird von den Bienen bereits vorverdaut und mit ihren Verdauungsenzymen angereichert, die unseren Stoffwechsel anregen. Ayurveda setzt Honig auf vielfältige Weise ein: zur Entgiftung und zur Regulierung der Blutzuckerspiegel, zum Durstlöschen, gegen Übelkeit, zur Wunddesinfektion, zur Behandlung von Harnwegsinfekten, Erkältungen und Halsentzündungen ebenso wie als Mittel gegen Verstopfung und Magenverstimmung. Honig ist hervorragend für Kapha und Vata, sollte jedoch bei hohem Pitta-Anteil und im Sommer sparsam verwendet werden, weil er stark wärmt. Im Winter sollte man flüssigen, aromatischen, wärmenden Sorten wie Thymian-, Tannen- oder Kastanienhonig den Vorzug geben, im Frühling eher festen, herberen Honigen zum Beispiel von Weißdorn, Eukalyptus, Eichenblättern, Heidekraut, im Sommer cremigen, bittersüßen, weniger wärmenden Sorten wie Lavendel- und Lindenhonig und im Herbst flüssigen oder cremigen, süßen oder säuerlichen Honigen zum Beispiel von Zitronen-, Lavendel-, Akazien- oder Rosmarinblüten. Alle in Bio-Qualität und roh!

Rosen

Rosen werden im Ayurveda oft als Tee aufgebrüht, der Herz und Kopf belebt. Rosen lindern Angstzustände und quälende Gedanken. Sie unterstützen die Verdauung, neutralisieren Säure, mindern Nervosität und Entzündungen und reinigen die Leber. Außerdem wirken sie stark antioxidativ. Sie tun allen drei Doshas gut, besonders aber Menschen mit viel Pitta. Je nach Jahreszeit bieten sich Tees aus verschiedenen Kombinationen an: im Sommer Rose, im Herbst Rose-Ingwer, im Winter Rose-Tulsi (Indisches Basilikum) und im Frühling Rose-Süßholz.

Die Geschmacksrichtungen
der Nahrungsmittel

GEMÜSE

Süß/herb;
KÜHLEND
Blumenkohl
Brokkoli
Erbsen
Grüne Bohnen
Kartoffeln
Kohl
Kopfsalat
Okraschoten
Schlangengurken
Schwarzwurzeln
Sellerie
Spargel
Spinat
Sprossen
Süßkartoffeln
Taro
Topinambur
Winterkürbisse
(Patidou,
Butternuss-,
Spaghettikürbis)

Bitter/herb;
KÜHLEND
Blattkohl
Chicorée
Endivie
Grünkohl
Rucola
Sprossen

Süß/scharf;
WÄRMEND
Artischocken
Auberginen
Brunnenkresse
Chilischoten
Daikonkresse
Karotten
Kletten
Knoblauch

Kochbananen
Mais
Mangold
Oliven
Paprikaschoten
Petersilie
Pilze
Porree
Rettiche/Radieschen
Rosenkohl
Rote Beten
Speiserüben
Tomaten
Zwiebeln

OBST

Süß/herb;
KÜHLEND
Äpfel
Avocados
Beeren
Birnen
Datteln
Feigen
Kokosnüsse
Melonen
Porree
Rosinen
Wassermelonen

Sauer;
KÜHLEND
Granatäpfel
Limetten
Mangos
Quitten
Tamarinden
Zitronen

Süß/säuerlich;
WÄRMEND
Ananas
Cantaloup-Melonen

Grapefruit
Orangen
Papayas
Trauben

Süß/herb;
WÄRMEND
Aprikosen
Bananen
Brombeeren
Cranberrys
Kaki
Kirschen
Mangos
Pfirsiche
Pflaumen
Rhabarber

Süß/säuerlich;
KÜHLEND
Erdbeeren
Himbeeren
Rhabarber

GETREIDE

Süß/herb;
KÜHLEND
Basmatireis
Graupen
Polierter Reis
Sago
Tapioka
Weizen
Weizenkleie

Süß/herb;
WÄRMEND
Buchweizen
Hafer
Haferkleie
Hirse
Mais
Naturreis

Roggen

Scharf/süß;
WÄRMEND
Amarant
Dinkel
Quinoa
Seitan

HÜLSEN-FRÜCHTE

Süß/herb;
KÜHLEND
Azuki-Bohnen
Kichererbsen
Limabohnen
Mungbohnen
Schälerbsen
Schwarze Bohnen
Soja
Tofu
Wachtelbohnen
Weiße Bohnen

Süß/herb;
WÄRMEND
Dal
Tellerlinsen, rote
Linsen

Scharf/herb;
WÄRMEND
Tempeh

NÜSSE UND SAMEN

Süß/herb;
WÄRMEND
Cashewkerne
Erdnüsse
Macadamia

Mandeln
Paranüsse
Pinienkerne
Pistazien
Walnüsse

Scharf/süß;
WÄRMEND
Chiasamen
Kürbiskerne
Leinsamen
Mohn
Sesam (schwarz,
braun, weiß)

Süß/herb;
KÜHLEND
Indische Floh-
samen
Sonnenblumen-
kerne

ZUCKER

Süß;
KÜHLEND
Agavendicksaft
Ahornsirup
Fruchtkonzentrat
Fruktose
Haushaltszucker
Honig
Kokosblütenzucker
Melasse
Naturbelassener
Rohrzucker
Palmzucker
Reissirup
Rohrzuckersirup

Süß;
WÄRMEND
Unraffinierter
brauner Zucker

MILCH-
PRODUKTE

Süß;
KÜHLEND
Butter, ungesalzen
Ghee
Käse, ungesalzen
Kuhmilch
Milch anderer
Tierarten

Sauer/herb;
WÄRMEND
Buttermilch
Joghurt
Käse, gesalzen
Sahne

TIERISCHES
EIWEISS

Süß/neutral;
WÄRMEND
Bison
Eier
Fettfische
Garnelen
Hammel
Lachs
Lamm
Rind

Süß/neutral;
KÜHLEND
Kaninchen
Pute

Süß/herb;
WÄRMEND
Ente
Hähnchen
Süßwasserfische
Thunfisch

Herb;
KÜHLEND
Wild

KRÄUTER,
GEWÜRZE &
WÜRZMITTEL

Scharf;
WÄRMEND
Anis
Asant (Asa foetida)
Basilikum
Cayennepfeffer
Curry
Estragon
Gewürznelken
Ingwer
Knoblauch
Königskümmel
(Ajowan)
Kümmel
Kurkuma
Langer Pfeffer
Lorbeerblätter
Majoran
Meerrettich
Muskatnuss
Oregano
Paprika
Petersilie
Ras-el-hanout
Rosmarin
Salbei
Schwarzer Pfeffer
Sellerie
Senfsamen
Sternanis
Thymian
Viergewürz

Scharf/süß;
WÄRMEND
Kardamom
Muskatblüte
Orangenschale
Zimt
Zwiebeln

Bitter/herb;
WÄRMEND
Bockshornklee

Salzig;
WÄRMEND
Meersalz
Mineralsalze
Schwarzes Salz

Scharf/salzig;
WÄRMEND
Algen
Sojasauce

Bitter/scharf;
KÜHLEND
Dill
Grüne Minze
Koriander
Kreuzkümmel
Pfefferminze
Schwarzkümmel

Süß/scharf;
KÜHLEND
Fenchel
Safran
Vanille

Süß;
KÜHLEND
Kudzu (Pueraria
montana)
Orangeblütenwasser
Rosenwasser

Im Wechsel der Jahreszeiten

DIE BESONDERHEITEN JEDER JAHRESZEIT

Damit Sie das ayurvedische Denken möglichst gut nachvollziehen können, möchte ich Ihnen die Ernährungsgrundlagen entsprechend der Jahreszeiten erläutern, **denn Jahreszeiten üben durch ihre jeweiligen Eigenschaften direkten Einfluss auf unsere Doshas aus. Wer im Einklang mit den Jahreszeiten lebt, folgt dem zyklischen Grundrhythmus der Natur. Er befindet sich ständig im Fluss und sorgt für unser inneres Gleichgewicht.**

Wie sollte die jahreszeitliche Ernährung aus Sicht des Ayurveda aussehen? Mein Ansatz bezieht sich auf Jahreszeiten in Mitteleuropa.

Frühling

Doshas
• Früh: Anregung von Kapha und Vata
• Spät: Ansammlung von Pitta

Eigenschaften des Frühlings: wechselhaft, trocken/feucht, frisch

Betroffene Organe
Die Kapha-Organe und -Körperteile sind im Frühling anfälliger als zu anderen Zeiten. Das gilt vor allem für Lunge, Magen, Hals, Nase und Nebenhöhlen. Gegen Frühlingsende sind eher die Pitta-Organe und -Körperteile betroffen: Dünndarm, Leber, Milz, Augen, Herz, Talgdrüsen und Blut. Dadurch kommt es zu Kapha-/Pitta-Störungen wie Schwellungen, tränenden Augen, Allergien, Hitzewallungen, Nesselsucht, Sodbrennen, Übelkeit oder Heißhunger.

Empfohlene Nahrungsmittel
Alles, was Kapha und Pitta beruhigt: eine leichte, entgiftende, mineralreiche Kost, die Kraft spendet.

Welche Geschmacksrichtungen?
• Würzig (sogar scharf), bitter und herb wirken ausgleichend auf Kapha und Pitta. Siehe die Nahrungsmittel in der Tabelle und in den Rezepten ab S. 51.

Sommer

Doshas
• Früh: Anregung und Ansammlung von Pitta
• Spät: Ansammlung von Vata

Eigenschaften des Sommers: heiß, trocken, intensiv, beweglich, leicht

Betroffene Organe
Die Pitta-Organe und -Körperteile sind: Haut, Kopf, Dünndarm, Leber, Milz, Augen, Herz, Talgdrüsen, Blut. Häufige Folgen eines gestörten Pitta: Hautbeschwerden (Nesselsucht, Akne, Rötungen), Übelkeit, Durchfall, Übersäuerung, Resorptionsstörungen.

Empfohlene Nahrungsmittel
Alles, was Pitta beruhigt: eine nährstoffreiche, kühlende, befeuchtende Kost.

Welche Geschmacksrichtungen?

• Süß, bitter, herb, würzig (aber nicht scharf!). Siehe die Nahrungsmittel in der Tabelle und in den Rezepten ab S. 67.

Herbst

Doshas

• Früh: Ansammlung und Anregung von Vata
• Spät: Ansammlung von Kapha

Eigenschaften des Herbstes: trocken, leicht, frisch, windig, wechselhaft

Betroffene Organe

Die Vata-Organe und -Körperteile sind: Dickdarm, Knochen, Becken, Ohren, Oberschenkel, Haut. Im Sommer hat sich so viel Pitta angesammelt, dass auch die Pitta-Organe betroffen sind und es dort zu Problemen kommen kann: Verstopfung, Knochen- und Muskelschmerzen, Ischias, Blähungen, Schwellungen, Hauttrockenheit, Durchblutungsstörungen, Tinnitus.

Empfohlene Nahrungsmittel

Alles, was Vata beruhigt: eher flüssige, warme, stärkende, bekömmliche, gehaltvolle Kost.

Welche Geschmacksrichtungen?

• Süß, sauer, salzig. Siehe Nahrungsmittel in der Tabelle und in den Rezepten ab S. 85.

Winter

Doshas

• Früh: Ansammlung und Anregung von Kapha
• Spät: Anregung von Vata

Eigenschaften des Winters: kalt, eher trocken (manchmal feucht), schwer, wolkig

Betroffene Organe

Die Kapha-Organe und -Körperteile sind vor allem im Winter anfälliger: Lunge, Magen, Kehle, Nase, Nebenhöhlen, Bauchspeicheldrüse, Gelenke, Blutplasma, Fettgewebe und die schützenden Schleimhäute bestimmter Organe. Kapha sammelt sich leicht an und führt zu typischen Winterbeschwerden: Schweregefühl, Lethargie, Appetitmangel, Schwellungen (verstopfte Nebenhöhlen), Erkältungen, Husten, Verschleimung, Übelkeit, Migräne, Halsentzündungen, Fieber. Da es im Winter kalt und oft windig ist, treten bei Menschen, die bereits an einer Dosha-Störung leiden, zudem Vata-Symptome auf (Verstopfung, Gelenkschmerzen, Flankenschmerzen, Blähungen, Darmgeräusche, aufgetriebener Bauch, Kurzatmigkeit), vor allem gegen Ende des Winters, wenn das Wetter wieder windiger und wechselhaft wird.

Empfohlene Nahrungsmittel

Alles, was Kapha und Vata beruhigt: eine nährstoffreiche, wärmende, bekömmliche und befeuchtende Kost.

Welche Geschmacksrichtungen?

• Süß, sauer und salzig erhöhen Kapha und verringern Vata.
• Scharf, bitter und herb erhöhen Vata und verringern Kapha.

Man muss also zwischen den beiden entgegengesetzten Bestrebungen ein Gleichgewicht herstellen. Siehe die Nahrungsmittel in der Tabelle und in den Rezepten ab S. 101.

DIE GRUNDSÄTZE DER AYURVEDISCHEN ERNÄHRUNG

Frühling

• Ich esse leichte Kost.

Anstelle üppiger Mahlzeiten versuche ich, in regelmäßigen Abständen dreimal am Tag mäßige Mengen zu essen. Ich schränke tierisches Eiweiß und Milchprodukte ein (der Körper braucht 24 bis 72 Stunden, um sie zu verdauen!) und bevorzuge vegetarische Kost. Der Februar ist übrigens die beste Zeit für eine Entgiftungskur!

• Ich lege einmal wöchentlich einen Obst- oder Gemüsetag ein.

Um die Verdauungsorgane zu entlasten, gönnt man ihnen am besten eine Pause. An einem Tag in der Woche beschränke ich mich auf eine Sorte Früchte (Äpfel, Orangen, Grapefruits, Birnen oder Granatäpfel) oder Gemüse (Rote Beten, Karotten, Brokkoli, Artischocken). Obst esse ich roh, Gemüse eher gegart.

• Ich rege meine Verdauung an.

Ich setze viele Gewürze ein. Alle wirken sich positiv auf Kapha aus! Ich koche viel mit Kreuzkümmel, Koriander, Fenchel, Kurkuma, schwarzem Pfeffer, Ingwer, Kardamom, Cayennepfeffer, Basilikum, Zimt, Petersilie. Der Frühling ist die Jahreszeit des Neuanfangs und der Kreativität – auch für mich!

Ich verwende auch viel Apfelessig. Er reinigt und regeneriert die Zellen, liefert Mineralstoffe, regt die Verdauung an, stimuliert die Immunabwehr und baut Cholesterin ab. Ein Esslöffel Essig in einem Glas lauwarmem Wasser mit ein wenig Honig aufgelöst 30 Minuten vor jeder Mahlzeit hilft gegen viele Verdauungsbeschwerden, fördert die Darmpassage und belebt die Darmflora.

• Ich genieße leckeren Tee.

Frühling ist die richtige Jahreszeit für eine gute Tasse Tee, wenn auch vielleicht nicht täglich. Tee enthält gerade so viel Koffein, dass er ausgleichend auf Kapha wirkt. Ich bevorzuge Sorten mit wenig Säure wie grünen oder weißen Tee, Oolong, Mate-, Rooibos und Matcha sowie mineralstoffreiche Kräutertees zum Beispiel aus Brennnesseln, Zinnkraut, Haferblüten oder Himbeerblättern.

• Zum Frühstück esse ich Obst.

Ich gebe Früchte der Saison in eine Schale, bestäube sie mit Zimt und Ingwer und beträufle sie mit Zitronensaft. Oder ich bereite einen frischen Smoothie aus Obst und Gemüse zu und gebe eine kräftige Prise Ingwer und Kurkuma dazu. Im Frühling kann man den Tag wieder mit rohem Obst beginnen, um den Körper zu entgiften, mit Vitaminen zu versorgen und für den Sommer fit zu machen.

Was sollten Sie einschränken?

• Frittiertes, eiskalte Getränke und Eiskrem, alles allzu Süße, Salzige und vor allem alles Saure (fermentierte Speisen sind in kleinen Mengen gestattet).

Sommer

• Ich bevorzuge kühlende Nahrungsmittel.
Alle grünen Gemüse sind geeignet, denn die meisten sind bitter, und das ist ideal für Pitta. Bittere Nahrungsmittel sind entzündungshemmend, lindern Brennen, reinigen Blut und Leber und leiten Giftstoffe aus. Zu empfehlen sind Koriander, Grüne Minze, Schlangengurken, Brokkoli, Salat, Chicorée, Grünkohl, Sprossen wie gekeimte Luzerne (Alfalfa) oder Sonnenblumenkerne, Sellerie, Spargel, Zucchini oder Spinat. Außerdem esse ich Milchprodukte wie Milch, Butter, Butterschmalz, Joghurt, Käse (möglichst jung) und geringe Mengen Eiskrem (nicht als Nachtisch).

• Ich halte regelmäßige Essenszeiten ein.
Wenn es im Sommer heiß ist und die Körperwärme sich von innen nach außen verteilt, hat man weniger Hunger. Da sich jedoch in längeren Fastenzeiten Pitta ansammeln und Haut- oder Verdauungsbeschwerden verursachen kann, sind drei Mahlzeiten über den Tag verteilt ideal: frühmorgens Frühstück, gegen zwölf Uhr Mittagessen, frühes Abendessen.

• Ich nehme viel Flüssigkeit zu mir.
Eiswürfel sind bei Hitze natürlich verlockend, doch sollten meine Getränke vor allem nach dem Essen nie eiskalt sein, denn das behindert die Arbeit der Enzyme, hemmt und stört die Verdauung und leistet der Bildung von Giftstoffen Vorschub. Ich trinke zimmerwarmes Wasser, nachmittags erfrischende Kräutertees aus Grüner Minze, Pfefferminze, Fenchel, Süßholz oder Rose. Sie regen die Verdauung an und kühlen.

• Ich koche mit Kokosöl.
Kokosnüsse sind ein Genuss für alle Sinne. Duft, Farbe, Textur und Geschmack erinnern an exotische Strände. Ayurveda wendet sie innerlich und äußerlich an. Der Sanskrit-Name „Kalpavriksha" charakterisiert die Kokospalme als „Baum, der alles gibt, was wir zum Leben brauchen". Kokosöl ist reich an gesättigten Fettsäuren, Ballaststoffen, Mineralstoffen und Vitaminen. Es kühlt, regt den Stoffwechsel an, verbessert die Schilddrüsenfunktion und die Verdauung, steigert die Immunabwehr, tötet Pilze ab und beugt hohem Cholesterinspiegel vor. Es lindert Hautreizungen und pflegt die Haare. Ich verwende unraffiniertes rohes Öl zum Braten (gut erhitzbar) und zum Backen.

• Ich esse viel Salat.
Oft heißt es, Rohkost sei im Ayurveda verpönt, aber das gilt nicht für den Sommer, denn dann ist vor allem mittags die richtige Zeit für knackige Salate. Ich stelle mir bunte Mischungen aus Gemüsen der Saison, kalten und warmen Nahrungsmitteln zusammen, mache sie mit hochwertigem kaltgepresstem Öl an (z. B. aus Oliven, Walnüssen, Raps) und bestreue sie mit gerösteten Sonnenblumenkernen und anderen Saaten.

Was sollten Sie einschränken?

• Wärmende Nahrungsmittel wie rotes Fleisch, Eier, gegarte Karotten, Rote Beten, Zwiebeln, Rettich/Radieschen, Chilischoten, Kaffee, Eis zum Nachtisch, alles Saure oder Säuerliche wie Balsamessig, Ketchup oder Sauerkonserven.

Herbst

• Ich entgifte meinen Organismus und baue dann meinen Energiespeicher auf.

Zu Herbstbeginn lege ich drei Entlastungstage ein und reinige meinen Körper mit Gemüsesuppen, gekochtem Gemüse und Khichadi (Hülsenfrüchten mit Reis). Morgens verzehre ich auf nüchternen Magen einen Esslöffel Leinöl, um die Ausscheidung von Schlacken zu fördern (und behalte das auf Wunsch den ganzen Herbst bei). Um gut durch den Winter zu kommen, kann ich danach mit süßen, sauren und salzigen Nahrungsmitteln meinen Energiespeicher wieder aufbauen.

• Ich koche einfach und qualitativ gut.

Das Beste für den Herbst sind einfache, bekömmliche und nahrhafte Gerichte, zum Beispiel gedämpftes Gemüse mit Sesamöl, dazu Getreide/Hülsenfrüchte oder Fleisch/Fisch. Ich würze mit einem Spritzer Zitronensaft, Gomasio (Sesamsalz) und einer Handvoll Koriander. Ich lerne wieder, die einfachen Geschmacksrichtungen zu genießen.

• Ich verzehre Nahrungsmittel, die aus der Erde und aus dem Meer kommen.

Um das mit Luft und Äther verknüpfte Vata auszugleichen, betone ich die entgegengesetzten Elemente Wasser und Erde. Alle Winterkürbisse tun mir gut. Die Auswahl reicht von Patidou über Hokkaido-, Kabocha- und Butternuss- bis Spaghettikürbis. Ich esse Pilze, Knoblauch, Kartoffeln, Rote Beten, Rübchen und entdecke auch Algen, sei es gekocht in Brühe, als Flocken über Salat oder als Brotaufstrich.

• Ich verzehre mehr Eiweiß.

Sofern ich kein Vegetarier bin, esse ich mehr Fleisch und Fisch. Der Herbst ist die sinnvollste Jahreszeit für rotes Fleisch, am besten als Fleischbrühe oder Eintopf. Ich esse mehr Gerichte mit Sauce. Als Vegetarier esse ich mehr Quinoa, Linsen, Eier, Milchprodukte und Tofu. Für die Verwertung vor allem von tierischem Eiweiß braucht man ein starkes Verdauungsfeuer. Ich entfache es mit Gewürzen. Da jetzt auch Milchprodukte günstig für mich sind, koche ich viel mit Ghee, beschließe Mahlzeiten mit einem Stück Käse und Kreuzkümmelpulver oder einem würzigen Joghurt.

• Ich trinke vor dem Schlafengehen heiße Gewürzmilch.

Bevor ich zu Bett gehe, erhitze ich eine Tasse Kuh-, Mandel-, Soja- oder Reismilch mit je einer Messerspitze Safran, Zimt und Muskatnuss und genieße sie heiß. Ich schlafe dann gut, gewinne frische Energie und regeneriere mein Nervensystem. Außerdem befriedigt das gleichzeitig meinen Hunger auf Süßes!

Was sollten Sie einschränken?

• Trockene, knusprige Nahrungsmittel wie Chips, Knabbergebäck, Frühstücksflocken, Zwieback; Rohkost, bittere Nahrungsmittel wie Kohl, grüne Gemüse oder Rosenkohl im Übermaß (es sei denn, Sie kochen sie mit entblähenden Gewürzen); Chili im Übermaß; anregende Genussmittel wie Kaffee, Tee oder Alkohol.

Winter

• Ich esse warme Speisen.

Ich esse gekochte warme Speisen. Ich wähle Nahrungsmittel, die eine wärmende Wirkung auf den Stoffwechsel ausüben, um meine verlangsamte Verdauung und Ausscheidung zu beschleunigen. Mein Körper hat ohnehin genug zu tun, meine Körpertemperatur aufrecht zu erhalten. Er soll nicht noch mehr arbeiten müssen. Ich verwende entblähende, durchblutungsfördernde Gewürze wie Ingwer, Zimt, Gewürznelken oder Pfeffer.

• Ich bevorzuge eher flüssige Speisen.

Durch Kälte und Wind trocknet der Körper im Winter aus, auch wenn die Sonne nicht brennt – ich merke es nur nicht so schnell wie im Sommer. Die Lösung: Ich koche bevorzugt dicke Suppen und Saucen, die dem Körper Flüssigkeit zuführen und mich sättigen, den Organismus aber zugleich von den Schlacken befreien, die sich im Winter leicht ansammeln.

• Ich bevorzuge nährstoffreiche winterliche Nahrungsmittel.

Im Winter verlangsamt die Natur ihren Gang und das gilt auch für unseren Körper und Stoffwechsel, auch wenn uns das Leben nur selten Gelegenheit gibt, darauf Rücksicht zu nehmen. Lediglich unser Appetit ist in der kalten Jahreszeit meist ausgeprägter und muss gezügelt werden. Wie? Damit mein Körper genügend Energie hat, ernähre ich mich mit nährstoffreichen, aber leicht verdaulichen Speisen.

• Ich esse mehr Fett.

Um sich warm zu halten, braucht unser Körper Energie und die liefern in erster Linie die Nahrungsfette. Ich bevorzuge zum Kochen einfach und mehrfach ungesättigte Fette mit hohem Rauchpunkt wie Oliven-, Sesam-, Avocado- oder Sonnenblumenöl. Oliven- und Rapsöl sind wegen ihres hohen Gehalts an Omega-9-Fettsäuren günstig.

• Ich trinke Kräutertees.

Ich bereite morgens Aufgüsse aus wärmenden Kräutern zu und nehme sie in der Thermoskanne zur Arbeit mit. Ich statte der Kräuterecke in meinem Bio-Laden einen Besuch ab und versorge mich mit Thymian, Rosmarin, Salbei und Zitronenverbene. Oder ich koche Tee aus frisch geriebenem Ingwer oder Zimt und gebe einen Teelöffel Honig für meinen Appetit auf Süßes hinein. Honig ist im Winter ideal, weil er wärmt, munter macht und entgiftet. Zudem gibt es ihn in vielen Sorten mit abwechslungsreichen Aromen.

Was sollten Sie einschränken?

- Rohkost, süßes Obst (Datteln, Dörrobst, Feigen) oder saure Früchte (Cranberrys, Pflaumen, Tamarinden) im Übermaß.

- Alle stark kühlenden Nahrungsmittel wie Milch und Milchprodukte, Weizen, kalte Getränke.

Industriell verarbeitete Lebensmittel

Im Laufe der letzten hundert Jahre hat sich die Lebensmittelindustrie massiv verändert. Sie entwickelt immer neue Produkte, die sie immer leichter, in immer größeren Mengen und zu immer geringeren Kosten produzieren kann und die immer länger haltbar sind. Als „verarbeitet" gilt ein Produkt dann, wenn es einen Umwandlungsprozess durchlaufen hat. Das ist der Fall bei Fertiggerichten, Konserven, Gebäck und vielen Milchprodukten. Solche Produkte enthalten reichlich gehärtete Fette, Zucker und Salz, gleichzeitig wenige Vitamine und Mineralstoffe. Außerdem stecken sie voller Zusatzstoffe, die ihr Aussehen und ihren Geschmack schönen.

Gehärtete Fette

Zum Kochen und Braten verwendet man stabile Öle. Sie sind meist fest. Da sie überwiegend gesättigte Fettsäuren enthalten, können sie weniger Wasserstoffatome aufnehmen. Die Nahrungsmittelindustrie arbeitet deshalb seit Jahrzehnten an einem passenden Ersatz für feste tierische Fette und entwickelte die Methode der Hydrierung: Flüssige Pflanzenöle werden durch Zugabe von Wasserstoff (teilweise) gehärtet. Dabei erhöht sich auch ihr Schmelzpunkt. Ein Nebenprodukt der Härtung sind allerdings gesundheitsschädliche trans-Fettsäuren. Sie haben eigentlich ungesättigte Anteile, die jedoch durch die Eingriffe in ihre atomare Konfiguration verloren gehen. Deshalb stört diese trans-Konfiguration unseren Stoffwechsel und die natürlichen Abläufe im Organismus. Transfette sind in ganz oder teilweise gehärteten Fetten wie Margarine enthalten und werden zu Streichfetten, Gebäck, Fertiggerichten

und Milchprodukten von Kuh, Ziege und Schaf verarbeitet. In Zutatenlisten tauchen sie als Zusatzstoffe E471, E472 und E441 auf.

Raffinierte Produkte

Durch das Raffinieren verlieren Nahrungsmittel die Nährstoffe, die sie ursprünglich für unsere Ernährung wertvoll machten. Sie halten sich zwar länger als vollwertige Nahrungsmittel, sind jedoch arm an Vitaminen, Mineral- und Ballaststoffen.

Eiskalte Speisen

Alle eiskalten Speisen hemmen die enzymatischen Abläufe im Körper. Unsere Verdauungsenzyme funktionieren nur bei Körpertemperatur optimal und werden durch einen Schwall kalter Flüssigkeit massiv gestört. Deshalb sollte man generell kalte Getränke meiden, vor allem aber beim Essen. Auch kalte Nachtische sind sehr ungünstig.

Ernährungssünden

Kaffee

Ayurveda schließt Kaffee nicht aus. Aus Ayurveda-Sicht kann im Prinzip alles als Heilmittel dienen, wenn auch abhängig von der betreffenden Person, von der Menge und der Art des Verzehrs. Kaffee gilt als anregend für Geist und Verdauung. Er steigert Vata und Pitta, verringert aber Kapha. Er ist bitter im Geschmack und wirkt auf den Stoffwechsel wärmend. Er regt die Verdauung an. Viele schätzen gerade seine abführende Wirkung. Studien zum Kaffeegenuss und seinen langfristigen gesundheitlichen Folgen kommen zu widersprüchlichen Ergebnissen. Gesichert ist jedoch vor allem die anregende Wirkung des darin enthaltenen Koffeins, die auf Dauer die Nebennieren erschöpft. Darüber hinaus aktiviert Kaffee Dopamin – ein Hormon, das für Genuss, aber auch für Suchtverhalten zuständig ist.

Ayurveda-Empfehlung für Kaffee:
• In Maßen (höchstens dreimal in der Woche)
• Nach den Mahlzeiten (vorher neutralisiert er die Aktivität der Enzyme)
• Zusammen mit Gewürzen, die die allzu wärmende, aufregende und austrocknende Wirkung auf die Nebennieren ausgleichen (Kardamom, Muskatnuss, Zimt)
• Bio-Qualität
• Am besten genießen Sie hin und wieder ganz entspannt und bewusst eine gute Tasse Kaffee im Familien- oder Freundeskreis.

Alkohol
Alkoholische Getränke, vor allem Spirituosen, sollten immer in Maßen konsumiert werden, weil sie Leber und Nieren schädigen. Ein gelegentliches Gläschen ist völlig in Ordnung, doch sollte es nicht zur Gewohnheit werden. Wein hat eine anregende Wirkung auf die Verdauung, was vor allem für Menschen mit viel Vata und Kapha günstig sein kann. Wenn schon Alkohol, dann sollte man ihn eher im Herbst, Winter und Frühling trinken, und am besten abends. Bier wird als Fermentationsprodukt eher von Vata- und Pitta-Individuen vertragen und kann im Sommer und Frühherbst ausgleichend wirken.

Fleisch
Für eine ausgewogene Ernährung sollten Sie Fleisch nicht öfter als dreimal pro Woche essen. Außerdem sollte es qualitativ hochwertig sein und möglichst von einem verlässlichen Bio-Erzeuger stammen. Seit einigen Jahren liegt fleischlastige Kost voll im Trend, doch ist tierisches Eiweiß für unseren Stoffwechsel nur bedingt von Nutzen. Es erhöht die Harnsäurespiegel, die wiederum den Körper übersäuern und für viele entzündliche Autoimmunerkrankungen verantwortlich sind. Jüngste Studien bestätigen, dass ein übermäßiger Verzehr von rotem Fleisch Herz-Kreislaufkrankheiten und bestimmte Krebsarten begünstigt.

Alles im Übermaß Verzehrte ist langfristig von Nachteil.

Schlechte Essgewohnheiten

Manche Angewohnheiten stören unsere Verdauung massiv: Obst am Schluss der Mahlzeit, große Rohkostteller als Vorspeise, Käse und Brot zum Abschluss (lieber mittendrin), üppige Nachtische, Kaffee schon vor dem Essen.

Geschmacksrichtung	Nachteile bei übermäßigem Verzehr
Süß	Gewichtszunahme, Diabetes, Magenverstimmung, Schwellungen, Atembeschwerden, Giftstoffe, Verschluss der Gallengänge
Sauer	Saures Aufstoßen, Sodbrennen, Juckreiz, Übelkeit
Salzig	Entzündungen, Hautbeschwerden, Impotenz, Wassereinlagerungen, vorzeitige Alterung
Scharf	Durst, Auszehrung, Brennen, Hautbeschwerden, Verringerung der Fortpflanzungssekrete
Bitter	Frieren, Schmerzen, Kopfschmerzen, Verringerung der Fortpflanzungssekrete
Herb	Verstopfung, Durst, Hauttrockenheit, Krämpfe, Verringerung der Fortpflanzungssekrete, nervöse Beschwerden

ENTGIFTEN MIT AYURVEDA

Giftstoffe tragen wir im Alltag alle in gewissem Umfang in uns, aber sie bereiten normalerweise keine Probleme, solange unser Stoffwechsel sie ausleiten kann. Das Sanskrit-Wort für Giftstoffe lautet „Ama", was soviel wie „unreif, roh, ungekocht" bedeutet. Aus ayurvedischer Sicht gibt es körperliche und mentale Giftstoffe. Erstere stammen aus schlecht verdauter Nahrung, aus der Anhäufung von Abfällen (Urin, Stuhl, Schweiß) oder durch ein oft langjähriges Ungleichgewicht der Doshas. Ama gilt letztlich als Ursache aller Erkrankungen.

Eigenschaften von Ama: kalt, langsam, ölig, schwer, klebrig, grob, stabil, stark riechend. Hinweise auf Giftstoffe sind oft etwa Blutstauungen, Durchblutungsstörungen oder Verstopfung, Erschöpfungszustände, Schweregefühl, Magenverstimmungen, Verschleimung, Appetitlosigkeit oder ein schlechter Geschmack im Mund. Aus unserem Verdauungstrakt sind solche Giftstoffe relativ leicht auszuleiten. Gelangen sie aber in den Blutkreislauf oder nisten sich in inneren Geweben ein, ist ihnen nur schwer beizukommen.

Ursachen für die Anhäufung von Ama: Ernährung (ungezügelter Appetit, ungünstige Kombinationen, kalte oder rohe Nahrung, schwer verdauliche Speisen, stark verarbeitete Lebensmittel, Industriezucker, zu viel Süßes, Saures oder Salziges), Lebensweise, Schlafen oder Essen, bevor der Verdauungszyklus abgeschlossen ist, unterdrückte und nicht aufgearbeitete Gefühle. Im Herbst und Frühling empfiehlt Ayurveda eine Entgiftungs- und Aufbaukur, um sich von einem Teil der im Gewebe und im Verdauungstrakt angesammelten Giftstoffe zu befreien.

Es gibt viele Möglichkeiten, Giftstoffe auszuleiten:

1 • Während einer Detox-Kur sollten Sie auf anregende Genussmittel wie Kaffee und Tee, raffinierte oder verarbeitete Nahrungsmittel, weißen Zucker, Frittiertes, Fleisch, Eier und Fisch verzichten.
2 • Wählen Sie Nahrungsmittel, die den Entgiftungsprozess unterstützen.

Grundsätze
  • Insgesamt weniger essen und mit drei Entlastungstagen beginnen, an denen nur ein jahreszeitliches Gemüse oder Obst verzehrt wird.
  • Warme Speisen (Kaltes/Rohes meiden).
  • Scharfe, bittere Gewürze verwenden.
  • Frittiertes meiden.
  • Täglich drei Esslöffel kaltgepresstes Öl verbessert die Ausleitung.
  • Nach dem Essen einen Verdauungsspaziergang machen.
  • Auf süße, allzu saure oder salzige Speisen verzichten.

3 • Mit Kräutern das Agni entfachen, damit die Giftstoffe verbrannt werden.
4 • Schwitzen hilft, Giftstoffe abzubauen. Treiben Sie Sport, gehen Sie in die Sauna oder praktizieren Sie Yoga – alles hilft!

Ist die ayurvedische Ernährung immer vegetarisch?

Die ayurvedische Ernährung ist nicht grundsätzlich vegetarisch. Bei bestimmten Erkrankungen empfiehlt sie sogar ausdrücklich bestimmte Sorten Fleischbrühe. Allerdings rät sie seit jeher dazu, Fleisch nur in Maßen zu essen, weil es schwer verdaulich, unbekömmlich und tamastisch ist.

Es gibt drei gute Gründe, weniger Fleisch zu essen:

• Übermaß: Angesichts unserer körperlichen Aktivitäten nehmen wir einfach zu viel tierisches Eiweiß zu uns.

• Gesundheit: Aufgrund der Massentierhaltung enthält Fleisch oft giftige Stoffe.

• Umwelt: Die Überproduktion von Fleisch ist für unseren Planeten eine Katastrophe.

Ich lege Ihnen deshalb unbedingt ans Herz, den Fleischkonsum einzuschränken. Zahlreiche leckere, nahrhafte Getreide und Hülsenfrüchte liefern uns alles, was unser Körper braucht, und bereiten obendrein Genuss.

Wie steht Ayurveda zu Rohkost?

Ayurveda und Salat – das Thema ist eine unendliche Geschichte! Rohkost kann sinnvoll sein, jedoch immer abhängig davon, für wen, wann und wie sie zubereitet wird. Aus Sicht des Ayurveda ist Rohkost schwerer verdaulich als gekochte Speisen, denn beim Garen wird die Nahrung sozusagen vorverdaut, sodass man dem Magen die Arbeit erleichtert.

Rohkost eignet sich eher für Menschen mit viel Pitta, im Sommer und eher mittags. Für Vata-betonte Personen hingegen ist sie oft unbekömmlich, weil ihre Eigenschaften ihnen zu ähnlich sind: leicht, knackig, luftig, trocken, kalt, manchmal fest und gehaltvoll (ölig). Bei Menschen mit viel Kapha verzögert Rohes die ohnehin verlangsamte Darmpassage, wiederum aufgrund ähnlicher Eigenschaften: fest, langsam (zu verdauen), gehaltvoll und vor allem kalt – all das macht es dem Verdauungstrakt nicht gerade leicht.

Genießen Sie im Sommer zu Mittag gern knackige gemischte Salate. In der übrigen Zeit des Jahres sollten Sie allenfalls Rohes mit Gekochtem kombinieren.

Funktioniert die ayurvedische Ernährung?

Ayurveda ist eine jahrtausendealte Heilkunst und die Mutter aller Naturheilverfahren. Natürlich unterscheidet sich dieser Ansatz von der westlichen Schulmedizin und Ernährungslehre, aber die Wirksamkeit von Ayurveda ist nachgewiesen, nicht zuletzt dadurch, dass er so lange Zeit überdauert hat und nach wie vor aktuell ist. Ein guter Grund, Ayurveda auszuprobieren!

Ich kenne mich mit Gewürzen nicht aus …

Keine Sorge! Viele haben Angst vor einer Küche mit zahlreichen Gewürzen und Kräutern, aber wenn man sich darauf einlässt, findet man sich sehr schnell zurecht. Eigentlich kann man gar nichts falsch machen. Man kocht damit viel kreativer und entdeckt immer neue Geschmacksrichtungen, Texturen, Düfte und Farben. Das weckt die Neugier und macht Spaß.

Hat eine ayurvedische Ernährung Einfluss auf mein Gewicht?

Aus Sicht des Ayurveda haben Gewichtsprobleme vor allem zwei Auslöser: eine Ernährungsweise, die der jeweiligen Konstitution, Jahreszeit oder Tätigkeit nicht angemessen ist, und eine Stoffwechselstörung.

Wenn wir zu- oder abnehmen oder einfach unser Gewicht halten möchten, müssen wir deshalb beide Aspekte berücksichtigen.

Ein wichtiger erster Schritt ist dabei, sich auf Produkte der jeweiligen Jahreszeit zu konzentrieren und verdauungsfördernde Gewürze und Kräuter zu verwenden. Das geht ganz leicht und bewirkt viel!

Wenn wir unseren Stoffwechsel ankurbeln, kann er nämlich effektiver arbeiten: Wir verbessern damit die Resorption und Aufnahme von Nährstoffen bei der Verdauung

ebenso wie die Ausscheidung, Entgiftung und Regenerierung.

Wenn wir uns ayurvedisch ernähren und auf die Bedürfnisse unseres Körpers acht geben, pendelt sich auch unser Gewicht auf einem Idealwert ein. Ob wir zu- oder abnehmen, ist dabei gleich – wichtig ist die Ausgewogenheit, die unserer Gesundheit und unserem Wohlbefinden dient.

Wo kaufe ich ein?

• Im Bio-Laden: Getreide, Hülsenfrüchte, Nüsse und Samen usw. Es gibt viele durchaus erschwingliche Bio-Marken. Besorgen Sie Grundnahrungsmittel wie Salz, Reis oder Öl möglichst in der Nähe.

• Auf dem Wochenmarkt: Obst und Gemüse in Bio-Qualität oder aus nachhaltigem Anbau.

• Solidarische Landwirtschaft: Unterstützen Sie die Erzeuger in Ihrer Region. Lassen Sie sich wöchentlich eine Obst- und Gemüsekiste zusammenstellen. Sollte das für Sie allein zu viel sein, teilen Sie die Kiste mit Freunden.

• Marktschwärmer: Bei diesem neuen Geschäftsmodell bezieht man regionale Produkte direkt vom Erzeuger und findet dabei immer wieder echte Kostbarkeiten.

TEIL 2 〉〉〉〉〉〉

Rezepte

Frühling

Meine Einkaufsliste

- **Obst:**
  Zitronen und Limetten
  Äpfel
  Aprikosen
  Beerenobst
  Kirschen
  Rote Trauben
  Mangos
  Pflaumen
  Erdbeeren
  Himbeeren
  Birnen
  Rhabarber
  Dörrobst

- **Gemüse:**
  Artischocken
  Spargel
  Rote Beten
  Sellerie
  Kohl
  Chicorée
  Salate
  Rosenkohl
  Karotten
  Kopfsalat
  Okraschoten
  Rettich/Radieschen
  Spinat
  Alle grünen Blatt-
  gemüse
  Zucchini

- **Getreide:**
  Amarant
  Graupen
  Buchweizen
  Mais
  Hirse
  Quinoa
  Roggen
  Tapioka

- **Hülsenfrüchte:**
  Schälerbsen
  Dicke Bohnen
  Gelbe Linsen
  Braune Linsen
  Kichererbsen
  Wachtelbohnen
  Mungbohnen
  Dal

- **Tierisches Eiweiß:**
  Hähnchen
  Pute
  Eier
  Magere, leichte Fische
  Wenn Käse, dann
  eher aus Ziegen- oder
  Schafsmilch

- **Würzmittel:**
  Apfelessig
  Sauergemüse

  Sojasauce
  Koriander
  Senf

- **Nüsse und Samen:**
  Mandeln
  Sesamsaat
  Sonnenblumenkerne
  Kürbiskerne
  Erdnüsse (in kleinen
  Mengen), Cashewkerne,
  Paranüsse

- **Kräuter und
  Gewürze:**
  Ingwer
  Zwiebeln
  Koriandersamen
  Senfsamen
  Fenchelsamen
  Kreuzkümmelsamen
  Gewürznelken
  Muskatnuss
  Petersilie
  Paprika
  Zimt
  Lorbeerblätter
  Curry
  Estragon
  Salbei
  Rosmarin
  Thymian

Fenchel-Mango-Salat
mit Buchweizen

Der Frühling macht Lust auf bunten Salat, ganz so, als wollten wir uns angesichts der ersten schönen Tage bis zu den Haarspitzen mit Energie vollsaugen. Hier liefern Fenchel und Radicchio Bitterstoffe zum Ausgleich von Kapha. Koriander und Zitrone wärmen und halten das Verdauungsfeuer in Gang. Granatapfel und Mango wirken regenerierend auf die Gewebe und tragen eine milde, süß-saure Geschmacksrichtung bei.

Zutaten
für 4 Portionen

1 Fenchelknolle
1 reife, feste Mango
2 EL Buchweizen
2 junge Radicchio di Treviso
1 Handvoll frische Granatapfelkerne
1 unbehandelte Zitrone
10 Zweige frischer Koriander
1 EL Koriandersamen
2 EL Olivenöl
Grobes Salz

In einer heißen Pfanne ohne Fett die Koriandersamen und Buchweizenkörner rösten und beiseitestellen.

Für das Korianderdressing im Mixer den frischen Koriander (ohne die groben Stängel) mit einer kräftigen Prise grobem Salz und der Hälfte der gerösteten Buchweizenkörner pürieren. Das Olivenöl und den Saft von ½ Zitrone zugeben und das Dressing beiseitestellen.

Die andere halbe Zitrone mitsamt der weißen Haut schälen, in Spalten zerteilen und beiseitestellen. Die Mango schälen und in kleine Würfel oder feine Streifen schneiden. Die Radicchioköpfe von den Strünken befreien und längs in Streifen schneiden. Die Fenchelknolle mit dem Gemüsehobel in hauchfeine Scheiben hobeln.

Fenchel, Radicchio, Granatapfel, Mango und Zitrone anrichten, mit dem Korianderdressing überziehen und mit den restlichen Buchweizenkörnern bestreuen.

Tandoori-Gambas
mit Erbsen-Hummus und Zitrone

Der Tandoori-Mix schmeckt nicht nur einmalig lecker, sondern unterstützt sehr wirkungsvoll die Verdauung. Bei diesem Rezept macht er die Kombination aus Joghurt und Gambas besonders bekömmlich.

Zutaten
für 4 Portionen

20 rohe Gambas
1 Vollmilchjoghurt
naturbelassen
1 EL Tandoorigewürz
Saft von ½ Limette

Zutaten für
den Erbsen-Hummus
200 g frische junge Erbsen
Saft von ½ Zitrone
1 Knoblauchzehe
1 EL Tahini
1 EL cremiger Joghurt
1 EL Traubenkernöl
Salz

Die Gambas schälen, die Schwänze längs einschneiden, den Darmfaden entfernen und waschen.

In einer Schüssel den Joghurt mit dem Tandoorigewürz und dem Zitronensaft verrühren. Die Gambas gründlich mit der Marinade vermengen und 2–4 Stunden im Kühlschrank durchziehen lassen.

In der Zwischenzeit den Hummus zubereiten. Zunächst die Erbsen in stark gesalzenem kochendem Wasser 5 Minuten blanchieren und sofort in einer Schüssel mit eiskaltem Wasser abschrecken.

Die Erbsen abschütten, gründlich abtropfen lassen und zusammen mit entkeimtem Knoblauch, Tahini, Traubenkernöl, Joghurt, Zitronensaft und Salz nicht allzu fein pürieren und kaltstellen.

Den Backofen auf 200 °C vorheizen. Ein Backblech mit Backpapier auslegen und die Gambas darauf 5 Minuten von jeder Seite im Ofen rösten. Heiß anrichten und unmittelbar vor dem Servieren mit Zitronensaft beträufeln; dazu den Erbsen-Hummus reichen.

Chapati-Zucchini-Tarte
mit Ziegenkäse und Honig

Die Kombination von Honig, Kurkuma und Rosmarin ist hervorragend für Kapha, denn sie wärmt und fördert die Verdauung, sodass man diese Ziegenfrischkäsetarte ohne Reue genießen kann. Die Kombination ergibt auch einen wunderbaren Teeaufguss, der den ganzen Tag über schmeckt!

Zutaten
für 2 Portionen

1 Chapati (ungesäuertes Fladenbrot aus Weizenvollkornmehl)
1 Zucchino
150 g Ziegenfrischkäse
frischer Rosmarin
½ TL gemahlene Kurkuma
1 EL Bio-Blütenhonig
Olivenöl

Den Backofen auf 180 °C vorheizen. Den Frischkäse locker mit dem Kurkumapulver verrühren.

Die Zucchini mit dem Gemüsehobel in hauchdünne Scheiben schneiden.

Den Chapati-Fladen mit dem Kurkuma-Ziegenfrischkäse bestreichen, die Zucchinischeiben so darauf verteilen, dass sie sich überlappen, mit etwas Olivenöl beträufeln und mit Rosmarin bestreuen.

15 Minuten im Ofen backen. Nach dem Herausnehmen mit ein wenig Honig beträufeln und sofort servieren.

ENDLOSE VARIATIONEN!
Für eine glutenfreie Version verwenden Sie einfach Dosas aus Linsen- oder Reismehl.
Vegan wird das Rezept, wenn Sie den Honig durch Ahornsirup und den Käse durch einen Tofu-Brotaufstrich ersetzen.

Grüner Gemüsetopf
mit Mung Dal und Senfsamen

Bei diesem ebenso simplen wie schmackhaften Gericht werden frische Frühlings-
gemüse zusammen mit Hülsenfrüchten in Ghee gebraten und mit gepoppten
Senfsamen gewürzt. Spargel, Zucchini und Okraschoten, aber auch die Senfsamen verringern Kapha. Aus Sicht des Ayurveda ein perfektes Frühlingsgericht!

Zutaten
für 4 Portionen

2 Zucchini
6 Stangen grüner Spargel
300 g Okraschoten
150 g frische junge Erbsen
150 g geschälte gelbe
Mungbohnen (Mung Dal)
1 EL schwarze Senfsamen
1 EL Ghee (siehe Rezept
S. 22)

Die Spargelstangen schräg in Stücke schneiden und zusammen mit den Erbsen 5 Minuten in kochendem Salzwasser
blanchieren, dann mit eiskaltem Wasser abschrecken und
gründlich abtropfen lassen.

Die Zucchini längs halbieren und in ca. 5 mm dicke Scheiben schneiden. Die Okraschoten von den Stielansätzen
befreien und längs in Streifen schneiden.

Die Mungbohnen in reichlich Salzwasser 12 Minuten
kochen, abschütten und beiseitestellen.

In einer Pfanne auf mittlerer Flamme das Ghee erhitzen und
darin die Senfsamen poppen lassen.

Die grünen Gemüse unterheben und 7–8 Minuten unter
ständigem Rühren braten. Heiß servieren.

Hähnchengulasch
mild mariniert

Durch das Marinieren wird das Fleisch bekömmlicher. Damit ist es ideal für eine Kapha-Konstitution, die zu einer eher langsamen Verdauung neigt. Die Marinade wird durch Ingwer, Knoblauch, Kurkuma und Koriander wärmend und entgiftend. Der gedämpfte Spinat sorgt für eine harmonische Verbindung der Geschmacksrichtungen und unterstützt die Verdauung.

Zutaten
für 4 Portionen

500 g Hähnchenbrust
300 g frischer Spinat
350 g Quinoa (gelb und rot gemischt)
1 Knoblauchzehe
½ TL gemahlener Koriander
2 cm Ingwerwurzel
½ TL gemahlene Kurkuma
1 Vollmilchjoghurt naturbelassen
Ghee
Salz

Das Hähnchenfleisch in 2 x 2 cm große Würfel schneiden.

Den Joghurt mit Kurkuma und Koriander sowie dem entkeimten, gepressten Knoblauch, dem geriebenen Ingwer und Salz verrühren und die Hähnchenwürfel darin 2– 4 Stunden ziehen lassen.

Nach 2 Stunden in einer Pfanne das Ghee zerlassen und darin die Hähnchenwürfel mitsamt Marinade 5 Minuten von jeder Seite anbraten. 100 ml Wasser angießen und abgedeckt 10 Minuten sanft köcheln lassen.

In der Zwischenzeit den Quinoa in reichlich Salzwasser garen und dann abschütten. Den Spinat dämpfen.

Die Hähnchenwürfel mit Quinoa und Spinat vermengen und abschmecken. Heiß servieren.

Apfel-Birnen-Kompott
mit Feigen

Es gibt im Frühling nichts Schöneres als ein leckeres, fein gewürztes Apfel-kompott! Das Garen und der Zimt mildern die Wirkung der Früchte ab. Köstlich zum Nachtisch, zum Frühstück oder als Nachmittagsimbiss. Ein wenig Honig nach dem Kochen verstärkt die guten Eigenschaften und die entgiftende Wirkung noch.

Zutaten
für 4 Portionen

2 Äpfel
(Golden Delicious)
2 sehr reife Birnen
6 reife frische Feigen
1 Vanilleschote
1 Zimtstange
1 EL Bio-Blütenhonig

Das Obst grob würfeln. Die Vanilleschote aufschlitzen und mit einem scharfen Messer das Mark herauskratzen.

Alle Zutaten bis auf den Honig in einem schweren Schmortopf vermengen und abgedeckt 20 Minuten auf kleiner Flamme dünsten, dabei gelegentlich umrühren.

Vom Herd nehmen, den Honig unterziehen und sofort servieren.

Lauwarm oder kalt beispielsweise zu Quark ein Genuss.

TIPP Im Winter schmeckt das Kompott herrlich zum Frühstück, am besten mit einem Teelöffel Ghee oder etwas Kokosöl!

Chai aus Assam-Schwarztee
und Gewürzen

Chai ist der berühmte indische Gewürztee, von dem es zahllose Varianten gibt. Auch im Ayurveda spielt er oft eine Rolle. Die hier gewählte Gewürzmischung unterstützt Kapha. Assam-Schwarztee mit seinem kräftigen Geschmack und hohen Koffeingehalt macht garantiert hellwach!
Nach Belieben die Milch und/oder den Zucker weglassen.

Zutaten
für 4 Portionen

4 EL Assam-Schwarztee
½ l fettarme Milch
2 cm Bio-Ingwerwurzel
Gewürze: 1 Sternanis,
1 Zimtstange,
4 Kardamomkapseln,
2 Gewürznelken
4 TL Rohzucker

Kardamomkapseln, Gewürznelken und Zimt im Mörser grob zerkleinern.

Die Milch mit 500 ml gefiltertem Wasser und dem Schwarztee aufkochen und vom Herd nehmen. Alle Gewürze und den Zucker zugeben und zugedeckt 5–6 Minuten ziehen lassen.

Den Tee durch ein Sieb gießen und sehr heiß servieren.

TIPP Anstelle von Kuhmilch kann man dieses Rezept ohne weiteres auch mit Mandel-, Soja- oder Reismilch zubereiten. Wenn Sie Ihren Chai lieber koffeinfrei trinken, lassen Sie einfach den Schwarztee weg. Dann können Sie den Chai zu jeder Tages- und Nachtzeit genießen. Vorsicht – hohes Suchtpotenzial!

Sommer

Meine Einkaufsliste

• Obst:
Avocados
Pfirsiche
Nektarinen
Melonen
Wassermelonen
Erdbeeren
Schwarze Johannis-
beeren
Mirabellen
Brombeeren
Heidelbeeren
Kirschen
Trauben
Birnen
Mangos
Pflaumen
Äpfel

• Gemüse:
Knoblauch
Artischocken
Rote Beten
Brunnenkresse
Fenchel
Grüne Bohnen
Brokkoli

Schlangengurken
Salate
Chicorée/Radicchio
Grüne Blattgemüse
Sellerie
Sprossen
Süßkartoffeln
Auberginen
Zucchini
Paprikaschoten
Tomaten (bei schlechter
Verträglichkeit nur in
Maßen)

• Getreide:
Weizen
Hafer
Roggen
Basmatireis, poliert
Hirse

• Hülsenfrüchte:
Mungbohnen
Kichererbsen
Tofu
Linsen

• Tierisches Eiweiß:
Milchprodukte
Süßwasserfische
Garnelen
Hähnchen
Pute

• Würzmittel:
Apfelessig
Limettensaft

• Nüsse und Samen:
Kokosraspeln
Sonnenblumenkerne
Blanchierte Mandeln
Cashewkerne

• Kräuter und Gewürze:
Kardamom
Koriander
Petersilie
Minze
Fenchel
Dill
Kreuzkümmel
Safran
Kurkuma

Pikanter Rote-Bete-Lassi

Gekochte Rote Beten wirken wegen ihres süßen Geschmacks sehr ausgleichend auf Pitta. Die Kombination mit Milchprodukten und Minze macht diesen Lassi gerade im Sommer sehr erfrischend und regenerierend. Er führt dem Körper viel Feuchtigkeit zu.

**Zutaten
für 4 Portionen**

200 g rohe Rote Beten
5 Minzeblättchen
200 g Vollmilchjoghurt
200 ml Vollmilch
Salz

Den Backofen auf 200 °C vorheizen. Die Roten Beten waschen, gründlich trockentupfen und einzeln in Alufolie einwickeln. Je nach Größe 35–40 Minuten backen. (Alternativ können Sie auch vorgegarte Rote Beten verwenden.)

Die Beten abkühlen lassen, häuten und fein würfeln. Zusammen mit der Milch, dem Joghurt und den Minzeblättchen pürieren und mit Salz abschmecken.

Vor dem Servieren eine Stunde im Kühlschrank durchziehen lassen.

TIPP Für eine vegane Version ersetzen Sie:
• den Vollmilchjoghurt durch einen ungesüßten Sojajoghurt oder Seidentofu;
• die Vollmilch durch eine ungesüßte neutrale Pflanzenmilch (Kokosmilch passt zum Beispiel ausgezeichnet zu Roten Beten).

Chapati-Wrap mit Hähnchen,
Brunnenkresse und körnigem Frischkäse

Wer Lust auf einen frischen Wrap hat, liegt mit diesem Rezept genau richtig. Der Weizenfladen wirkt kühlend, nährend und damit günstig auf Pitta, ebenso wie der körnige Frischkäse. Die Marinade dagegen wärmt eher, um die Fleischverdauung zu unterstützen. All das wird begleitet von pikanten, ausgleichenden Gemüsen der Saison: Brunnenkresse und Radieschen.

Zutaten
für 4 Portionen

4 Chapatis
300 g Hähnchenbrust
1 Handvoll Brunnenkresse
100 g körniger Frischkäse
10 Radieschen
Saft von 1 Zitrone
2 Knoblauchzehen
10 Minzeblättchen
2 cm frische Ingwerwurzel
1 Prise Kurkuma
Pflanzenöl
Salz

Die Minzeblättchen mit etwas Salz, Kurkuma, Zitronensaft, den entkeimten Knoblauchzehen und dem Ingwer im Mörser zu einer glatten Paste verreiben.

Die Hähnchenbrust in mundgerechte Stücke schneiden, in der Marinade wälzen und eine Stunde im Kühlschrank durchziehen lassen.

Anschließend die Hähnchenstücke mit wenig Öl in einer heißen Pfanne braten.

Auf einem Weizenfladen (Chapati) 1 EL körnigen Frischkäse verstreichen, einige Blätter Brunnenkresse und Radieschenscheiben darauf verteilen und mit Hähnchenstücken belegen. Den Fladen fest aufrollen. Die übrigen Fladen genauso belegen, halbieren und genießen.

Taboulé auf indische Art

Die indisch-ayurvedische Variante des beliebten Sommerklassikers unterscheidet sich von der orientalischen durch die erfrischenden, aromatischen Kräuter Minze und Koriander, die Pitta sehr gut beruhigen, durch die sättigenden Linsen und durch die säuerliche Note der Granatapfelkerne. Das Olivenöl unterstreicht den feinen Geschmack.

Zutaten
für 4 Portionen

100 g Linsen (gemischt: rot, grün, gelb)
2 reife, aber feste Tomaten oder 12 Kirschtomaten
1 Handvoll Granatapfelkerne
Saft von 1 Zitrone
1 Bund Koriander
1 Bund Minze
Olivenöl
Salz, frisch gemahlener Pfeffer

Die Linsen 15 Minuten in reichlich Salzwasser kochen.

In der Zwischenzeit die Minze- und Korianderblättchen von den Stängeln streifen, waschen, trockentupfen und hacken. Die Tomaten (mit oder ohne Haut) in kleine Stücke schneiden und mit den frisch gehackten Kräutern vermengen.

Für das Dressing 2 EL Olivenöl mit dem Zitronensaft verrühren, salzen und pfeffern.

Die garen, aber noch bissfesten Linsen mit kaltem Wasser abschrecken und gründlich abtropfen lassen.

Alle Zutaten mit dem Dressing vermengen und servieren. Dazu als Beilage beispielsweise indisches Fladenbrot reichen.

Kabeljau im Papiermantel
mit Salat und Minzpesto

Durch das Garen in Pergamentpapier behält Fisch alle seine Vorzüge und entwickelt zugleich eine wunderbar zarte Textur und einen ausgeprägten Geschmack. Bei diesem Rezept vereinen sich süßes Kokosöl, bittersüßer Koriander, würzige, aber nicht zu scharfe grüne Chilischoten und erfrischender Zitronensaft zu einer perfekt ausgewogenen Kombination, die ausgleichend auf Pitta wirkt.

Zutaten
für 4 Portionen

4 Kabeljaufilets,
je ca. 200 g
2 sehr reife Tomaten
2 kleine grüne Chili-
schoten, feingehackt
Saft von 1 Zitrone
1 rote Zwiebel
1 Bund Minze
10 Zweige Koriander
1 Handvoll Saaten:
Kürbis-, Sonnenblumen-,
Pinienkerne, Sesamsaat
2 EL geröstete Pinienkerne
4 EL Kokosöl
Olivenöl
Salz

Den Backofen auf 180 °C vorheizen. Vier Stücke Backpapier mit etwas Kokosöl einpinseln und darauf je ein Kabeljaufilet, ein paar Korianderblättchen, gehackte grüne Chilischoten und ein paar Tomatenstücke anrichten und das Ganze mit der Hälfte des Zitronensafts beträufeln. Die Päckchen gut verschließen und 12–15 Minuten backen.

In der Zwischenzeit aus den restlichen Tomaten, Zwiebel-ringen, ein paar Minzeblättchen und gemischten Samen einen Salat mischen und mit dem restlichen Zitronensaft anmachen.

Für den Minzpesto eine Handvoll Minzeblättchen mit den gerösteten Pinienkernen, Salz und einem Schuss Olivenöl pürieren und beiseitestellen.

Die Fischpäckchen aus dem Ofen nehmen und sofort servie-ren. Dazu den Minzpesto und den Salat reichen.

Gegrillter Panir auf Mais
und Paprika mit Senfsamen

Panir (indischer Frischkäse) ist für Pitta und damit für den Sommer ideal,
denn er ist nahrhaft, köstlich und für Lakto-Vegetarier
ein wertvoller Eiweißlieferant. Die Minzsauce ist der perfekte
Ausgleich zur wärmenden Gemüsepfanne.

**Zutaten
für 4 Portionen**

500 g Panir (siehe S. 93)
200 g Mais
150 g Paprikaschoten
(grün oder rot)
1 griechischer Joghurt
Saft von ½ Limette
10 Minzeblättchen
1 EL schwarze Senfsamen
2 cm frische Ingwerwurzel
Ghee
Salz

Die Paprikaschoten in Streifen schneiden. Den Mais abbrausen und abtropfen lassen. Den Ingwer reiben. Den Panir in acht dicke Scheiben schneiden.

Die Minzeblättchen waschen. Den Joghurt mit Minze, Salz und etwas Ingwer verrühren und beiseitestellen.

Die Panirscheiben in einer sehr heißen Pfanne in Ghee von allen Seiten goldgelb braten. Mit Alufolie abgedeckt beiseitestellen.

In derselben Pfanne die Senfsamen ohne Fett rösten, den restlichen geriebenen Ingwer zugeben, Mais und Paprikaschoten unterheben und bei mittlerer Hitze unter häufigem Rühren 10 Minuten dünsten.

Den Panir auf das Mais-Paprika-Bett geben und mit der Minzsauce und etwas Limettensaft heiß servieren.

Gebratene Auberginen
mit Kurkuma und Granatapfel

Bei diesem Gericht dreht sich alles um Auberginen. Dazu gibt es eine erfrischende, würzige Joghurtsauce. Milchprodukte sind wegen ihrer kühlenden Wirkung und ihrer nährenden und regenerierenden Eigenschaften ideale Sommerbegleiter. Der einzige Wermutstropfen für Pitta könnte ihre Säure sein, die sich jedoch durch die Zugabe von Limettensaft ausgleichen lässt.

Zutaten
für 4 Portionen

2 glatte, feste Auberginen
2 griechischer Joghurt
100 g Granatapfelkerne
2 Knoblauchzehen
1 Prise geräuchertes Chilipulver
1 TL Kurkuma
Saft von ½ Limette
Pflanzenöl
Salz

Den Backofen auf 200 °C vorheizen. Die Auberginen waschen und längs halbieren. Die Schnittflächen über Kreuz einschneiden, ohne die Haut zu durchtrennen.

Den Knoblauch entkeimen und pressen. 2 TL Öl mit Kurkuma, Knoblauchpaste und einer Prise Salz verrühren. Die Auberginen damit einpinseln und 25 Minuten auf einer unteren Schiene backen.

Für die Joghurtsauce den Joghurt mit dem Limettensaft und einer kräftigen Prise geräuchertem Chilipulver verrühren und leicht salzen.

Die Auberginen heiß mit der Joghurtsauce und ein paar Granatapfelkernen servieren.

TIPP Veganer können dieses Rezept leicht abändern, indem sie einfach den Vollmilchjoghurt durch einen pflanzlichen „Joghurt" aus Soja oder Kokosnuss, Seidentofu, Pflanzencremes oder dergleichen ersetzen. Auch die Gemüse lassen sich in unzähligen Varianten abwandeln, zum Beispiel mit Zucchini, Paprikaschoten oder Kartoffeln.

Wasser-Bowle
mit Melone, Kardamom und Sternanis

Was ist an einem heißen Tag erfrischender als sommerlich aromatisiertes Wasser? So führt man dem Körper auf angenehme Weise Feuchtigkeit zu. Die aromatischen Gewürze Sternanis und Kardamom werden hier durch Rohrzucker aufgewogen. Vor allem Cantaloup-Melonen sind in der warmen Jahreszeit wegen ihrer Eigenschaften (süß, befeuchtend, erfrischend und saftig) der perfekte Ausgleich für Pitta.

Zutaten
für 4 Portionen

1 Cantaloup-Melone
10 Kardamomkapseln
2 Sternanise
getrocknete Zitronenzesten
50 g Vollrohrzucker

Für den Sirup 500 ml Wasser in einem Topf mit dem Zucker und den zerdrückten Kardamomkapseln, Sternanis und Zitronenzesten verrühren und auf ganz kleiner Flamme simmern lassen. Kugeln aus der Melone ausstechen.

Nach 10 Minuten die Platte ausschalten und die Melonenkugeln und 500 ml gefiltertes Wasser zugeben. Bis zum Servieren eine Stunde kaltstellen.

VARIANTE Anstelle der Cantaloup-Melone können Sie auch Wassermelone verwenden oder die Gewürze variieren. Zu Wassermelonen passen am besten Kardamom (10 Kapseln) und gemahlener Koriander (1 EL). Beide Gewürze wirken mild entwässernd und werden im Ayurveda gegen Bluthochdruck eingesetzt, der gerade im Sommer – der Pitta-Jahreszeit – häufiger vorkommt. Da Wassermelonen bereits sehr süß sind, benötigt man dazu keinen Sirup oder zusätzlichen Zucker. Einfach die Gewürze in heißem Wasser ziehen lassen, nach dem Abkühlen die Wassermelonenkugeln dazugeben und das Wasser kaltstellen. Wer keine Scheu vor exotischen Kombinationen hat, darf eine Messerspitze Pfeffer und Salz dazugeben – köstlich!

Sommerlicher Obstsalat
mit Rosensirup und Haselnüssen

Ein Salat aus Früchten der Saison ist eine hervorragende Gelegenheit, mehrere Geschmacksrichtungen auf einmal zu genießen. Vor allem im Sommer sind reichlich knackige Früchte voller Süße und Saft im Angebot. Rose und Minze geben dem Obst eine originelle, delikate Note und wirken beruhigend auf Pitta.

Zutaten
für 4 Portionen

1 sehr reife, aber feste Mango
12 Erdbeeren
1 kleine Charentais-Melone
12 getrocknete Cranberrys
12 Haselnüsse
8 Stängel grüne Minze
3 EL Rosensirup

Die Mango schälen und in feine Streifen schneiden. Die Erdbeeren putzen. Aus der Melone Kugeln ausstechen.

In einer Schüssel das vorbereitete Obst mit den Cranberrys vermengen und alles mit dem Rosensirup beträufeln. Eine Stunde im Kühlschrank durchziehen lassen.

Die Minze in feine Streifen schneiden. Die Haselnüsse hacken und unmittelbar vor dem Servieren zusammen mit der Minze auf den Salat streuen.

Herbst

Meine Einkaufsliste

• Obst:
Avocados
Trauben
Birnen
Äpfel
Bananen
Zitronen und Limetten
Kiwis
Datteln
Grapefruits
Orangen
Mirabellen
Maronen
Quitten
Clementinen
Mandarinen
Pflaumen

• Gemüse:
Karotten
Rote Beten
Mangold
Steinpilze
Chinakohl
Feldsalat
Brunnenkresse
Rettich/Radieschen
Topinambur
Porree

Zwiebeln
Winterkürbisse
Schwarzwurzeln
Salate
Süßkartoffeln
Kartoffeln
Speiserüben
Lotoswurzeln
Champignons
Sellerie
Steckrüben

• Getreide:
Polierter oder Naturreis
Weizen
Hafer
Bulgur
Quinoa
Amarant
Hirse

• Hülsenfrüchte:
Mungbohnen
Azukibohnen
Dal
Tofu

• Tierisches Eiweiß:
Alle

• Würzmittel:
Miso
Sojasauce
Tamarinde

• Nüsse und Samen:
Walnüsse
Alle Ölfrüchte sind
nahrhaft und deshalb
günstig, sollten aber in
Maßen verzehrt werden

• Kräuter und Gewürze:
Zimt
Kreuzkümmel
Ingwer
Kardamom
Kurkuma
Muskatnuss
Knoblauch
Oregano
Paprika
Petersilie
Anis
Senf
Asant
Safran
Gewürznelken

Spinatsalat mit Roter Bete
und gebratenen Schwarzwurzeln

Dieser Salat wird überwiegend aus gegarten Zutaten zusammengestellt, die dem im Herbst dominierenden Vata entgegenwirken. Das Gemüse wird im Ofen gebacken, um sein angenehm süßliches Aroma zu unterstreichen. Dazu gibt es ein wärmendes, pikantes Dressing aus Oliven- und Sesamöl mit Kurkuma. Etwas mehr Biss liefern die frischen Spinatblätter und die Kürbiskerne.

Zutaten
für 4 Portionen

200 g Babyspinat
100 g gekochte Rote Bete
2–3 Schwarzwurzeln
50 g gekochte Maronen
1 Handvoll Kürbiskerne
½ TL Kurkuma
1 TL Apfelessig
2 TL Sesamöl
2 TL Olivenöl
Salz, Pfeffer

Den Backofen auf 200 °C vorheizen. Die Schwarzwurzeln wie Karotten schaben, längs vierteln und mit Olivenöl einpinseln. Zusammen mit den Maronen 10–12 Minuten im Ofen backen.

Den Spinat waschen und abtropfen lassen. Die Rote Bete in feine Scheiben schneiden.

Für das Dressing das Sesamöl mit dem Apfelessig und einer kräftigen Prise Kurkuma, Salz und Pfeffer verrühren.

Alle Zutaten mit den auf Zimmertemperatur abgekühlten Schwarzwurzeln, mit den Kürbiskernen und dem Dressing vermengen und sofort servieren.

TIPP Experimentieren Sie gern mit anderen alten Gemüsen wie Steckrüben oder Topinambur.

Naan mit Avocadocreme,
Blumenkohl und Kichererbsen

Madras-Currypulver ist eine indische Gewürzzubereitung, die uns allen vertraut ist. Die Mischung hat viele Vorzüge, denn sie fördert unter anderem die Verdauung und wirkt Blähungen entgegen. Hier benötigen wir sie zum Ausgleich für den Blumenkohl und die Kichererbsen, die zwar beide hervorragend für Vata, aber nicht für jeden bekömmlich sind. Avocado und Joghurt geben dem Gericht eine sämige, nahrhafte Note.

Zutaten
für 4 Portionen

4 Naan-Fladen
2 sehr reife Avocados
400 g Blumenkohl
400 g gekochte Kichererbsen
Saft von 1 Limette
1 griechischer Joghurt
1 rote Zwiebel
10 Zweige Koriander
1 TL Paprikapulver
2 TL Madras-Currypulver
2 TL flüssiges Ghee
Salz

Den Backofen auf 180 °C vorheizen. Den Blumenkohl in Röschen zerteilen, waschen und gründlich trockentupfen. Die Kichererbsen waschen und abtropfen lassen.

In einer großen Schüssel den zerlassenen Ghee mit dem Madras-Currypulver verrühren. Die Kichererbsen und Blumenkohlröschen unterheben.

Ein Backblech mit Backpapier auslegen und die Kichererbsen und den Blumenkohl darauf 20 Minuten backen. Nach der Hälfte der Zeit wenden.

In der Zwischenzeit für die Avocadocreme das Avocado-Fruchtfleisch mit je der Hälfte des Limettensafts und des Paprikapulvers, dem Joghurt und dem Salz pürieren. Kaltstellen.

Die rote Zwiebel in hauchdünne Scheiben schneiden. Sobald die Gemüse fertig gebacken sind, die Naan-Fladen mit der Avocadocreme bestreichen. Die Kichererbsen und Blumenkohlröschen zusammen mit den Zwiebelringen darauf verteilen und mit etwas Limettensaft beträufeln. Mit Korianderzweigen garniert und mit dem restlichen Paprikapulver bestäubt sofort servieren.

Pochierter Lachs
mit Kokosmilch, Okraschoten und Pilzen

Im Herbst geht nichts über eine leckere Brühe! Sie wärmt von innen, liefert uns Feuchtigkeit und enthält viele Nährstoffe. Lachs ist ein Fettfisch und deshalb für Vata ideal. Durch das Pochieren in Kokosmilch erhält er eine butterzarte Struktur und durch die Limette eine feine süß-saure Note. Verdauungsfördernde Gewürze runden das wunderbare Aroma ab.

Zutaten
für 4 Portionen

4 kleine Streifen
Wildlachsfilet
200 g Okraschoten
2 Cremechampignons
2 frische rote Chilischoten
Saft von 1 Limette
2 Frühlingszwiebeln
2 Knoblauchzehen
5 Zweige frischer
Koriander
4 cm Ingwerwurzel
1 TL gemahlener
Kreuzkümmel
250 ml Kokosmilch
Pflanzenöl
Salz

Die Okraschoten kurz unter fließendem Wasser waschen und mit einem Geschirrtuch trocknen. Die Frühlingszwiebeln waschen und in feine Ringe schneiden. Die Cremechampignons waschen und blättrig schneiden.

Den Knoblauch pressen, den Ingwer reiben und beides in einem Topf in wenig Pflanzenöl anbraten. Die Okraschoten und Pilze dazugeben. Die Chilischoten hacken und ebenfalls unterheben. Bei mittlerer Hitze unter ständigem Rühren dünsten.

Nach 5 Minuten den Kreuzkümmel und Limettensaft sowie die Kokosmilch zugeben und alles 5 Minuten auf kleiner Flamme köcheln lassen.

Die Lachsfilets 10 Minuten in der Kokosmilchbrühe pochieren, leicht salzen und unmittelbar vor dem Servieren die Zwiebelringe und den gehackten Koriander unterheben.

Dazu eine Mischung aus Basmati- und Wildreis reichen.

Kürbis gefüllt
mit Panir und Safrancreme

Ein perfektes vegetarisches Herbstgericht mit Butternusskürbis und Panir. Die fettfrei gerösteten Kreuzkümmelsamen bereichern das Gericht mit ihrem köstlichen Duft. Der kostbare Safran macht das Gericht zu einem wahrhaft königlichen Genuss und auch gesundheitlich hat er viel zu bieten: Er fördert die Verdauung, regeneriert Herz, Fortpflanzungsorgane und Nervensystem – und gilt als Aphrodisiakum!

Zutaten
für 4 Portionen

1 Butternusskürbis
1 Handvoll Kürbiskerne
1 kleine rote Zwiebel
1 EL Kreuzkümmelsamen
1 Döschen Safran, gemahlen oder in Fäden
200 ml Sahne

Für den Panir:
1 l Milch
2 EL weißer Essig

Für den Panir die Milch in einem Topf zum Kochen bringen. Abseits vom Herd mit dem Essig verrühren und abkühlen lassen, dabei von Zeit zu Zeit umrühren. Den Käse durch ein Sieb abschütten und die Molke weggießen. Etwas abtropfen lassen.

Den Backofen auf 180 °C vorheizen. Den Kürbis halbieren, die Kerne entfernen und das Fruchtfleisch herauslösen, dabei ringsum 1 cm dick stehen lassen. Das ausgelöste Fruchtfleisch beiseitestellen.

Die rote Zwiebel schälen und fein hacken. Einen Topf Salzwasser zum Kochen bringen und das Kürbisfleisch darin 6–7 Minuten kochen, dann abschütten und mit einer Gabel zerdrücken.

In der Zwischenzeit den Kreuzkümmel ohne Fett in einer Pfanne anrösten. Die Sahne in einem kleinen Topf mit dem Safran verrühren und erhitzen, aber nicht kochen lassen.

In einer Schüssel das zerdrückte Kürbisfleisch mit der roten Zwiebel, dem Panir und den Kreuzkümmelsamen vermengen und salzen. Die beiden ausgehöhlten Kürbishälften damit füllen, mit der Safransahne übergießen und mit ein paar Kürbiskernen bestreuen. 30 Minuten auf der untersten Schiene im Ofen backen.

Hähnchenkeulen
mit Joghurt und Gewürzen

Die Marinade ist mild, cremig, säuerlich und scharf zugleich und bringt damit unser Verdauungsfeuer ordentlich in Gang, um das Hähnchen gut zu verdauen. Die Gewürze haben durchweg einen wärmenden Effekt und wirken vor allem jetzt im Herbst günstig auf Vata. Gewürznelken dienen zum Reinigen der Lunge und Kopföffnungen (Nebenhöhlen, Nasenlöcher, Mundhöhle) und wirken keimtötend und krampflösend.

Zutaten
für 4 Portionen

4 Bio-Hähnchenkeulen
2 Becher Naturjoghurt
(je 125 g)
Saft von 1 Limette
3 Zwiebeln (am liebsten rote)
6 Knoblauchzehen
4–5 Curryblätter
1 kleines Stück frischer Ingwer (oder 1 TL Ingwerpaste, siehe S. 118)
6 Kardamomkapseln
½ TL Kurkuma
1 Zimtstange
4 Gewürznelken
4 EL Pflanzenöl

Für die Marinade den Joghurt mit dem Limettensaft, 2 EL Pflanzenöl, der Kurkuma, den entkeimten, gepressten Knoblauchzehen und dem geriebenen Ingwer kräftig verrühren. Die Hähnchenkeulen damit bestreichen und 2–3 Stunden im Kühlschrank marinieren.

Anschließend die restlichen 2 EL Öl erhitzen und darin die Curryblätter, Kardamomkapseln, Zimtstange und Gewürznelken anrösten. Die gehackten Zwiebeln zugeben und 10 Minuten unter ständigem Rühren anbräunen.

Die Hähnchenkeulen mitsamt der Joghurtmarinade zugeben und scharf anbraten. 100 ml Wasser angießen und abgedeckt auf kleiner Flamme 25–30 Minuten dünsten.

Geschmortes Lamm
mit Tamarindensauce

Alle zartschmelzenden fermentierten, salzigen oder süßen Geschmacksrichtungen passen perfekt zum Herbst – also Bahn frei für Schmorgerichte!
Die leicht abführende Wirkung der sauren, wärmenden Tamarinden wird hier
verstärkt durch den Knoblauch und wirkt sich günstig auf Vata aus.
Soll das Gericht glutenfrei sein, wählen Sie statt Sojasauce die Tamarisauce.

**Zutaten
für 4 Portionen**

1 große Lammhaxe oder
eine kleine Lammschulter
(ca. 500 g)
50 g Tamarindenpaste
1 Knoblauchknolle
1 TL gemahlener Ingwer
100 ml Tamari- oder
Sojasauce

Für den Tamarindensaft die Tamarindenpaste in 200 ml heißem Wasser auflösen und 30 Minuten quellen lassen, dann
abseihen.

Den Tamarindensaft mit der Tamari- oder Sojasauce
(Sojasauce ist salziger) und dem gemahlenen Ingwer verrühren und das Lammfleisch damit rundum bestreichen.
In Klarsichtfolie wickeln und 2 Stunden im Kühlschrank
marinieren.

In der Zwischenzeit die Knoblauchzehen schälen und
5 Minuten in siedendem Salzwasser kochen. Beiseitestellen.

Den Backofen auf 180 °C vorheizen. Das Lammfleisch mit-
samt Marinade in einem Schmortopf mit den blanchierten
Knoblauchzehen mischen und abgedeckt je nach Größe des
Stücks 1,5–2 Stunden im Ofen garen.

Dazu mit Kreuzkümmel gewürzten Couscous oder kleine
Ofenkartoffeln reichen.

Kokos-Grieß-Happen

Die gesunden süßen Happen sind zum Nachtisch genauso willkommen
wie als Zwischenmahlzeit und passen bestens zum Herbst. Wohlschmeckend,
nahrhaft, süß und würzig zugleich, beruhigt dieses Konfekt Vata und verschafft
uns frische Energie.

**Zutaten
für 4 Portionen**

150 g Weichweizengrieß,
mittelfein
20 g Kokosraspeln
1 Vanilleschote
150 ml Kokoscreme
25 g Ghee

Das Ghee zerlassen und den Grieß darin auf kleiner Flamme
unter Rühren goldgelb anrösten.

Die Kokoscreme mit dem Grieß verrühren. Aus der Vanilleschote etwas Mark herauskratzen und ebenfalls zugeben.
Den Grieß auf kleiner Flamme köcheln lassen, dabei nach
und nach 250 ml Wasser angießen. Die Masse eindicken lassen, bis sie sich von der Topfwand löst, dann in einer Form
oder auf einem Blech ausstreichen, zusammendrücken und
mit Klarsichtfolie bedeckt abkühlen lassen.

In Vierecke oder Rauten schneiden und mit den Kokosraspeln bestreuen.

Luftdicht verpackt halten sich die Häppchen 2–3 Wochen
frisch.

Winter

Meine Einkaufsliste

Obst:
Zitronen und Limetten
Äpfel
Birnen
Granatäpfel
Feigen
Datteln
Rosinen
Mangos
Kokosnüsse
Orangen
Clementinen

Gemüse:
Alle grünen Gemüse
(Mangold, Grünkohl,
Brunnenkresse, Spinat,
Porree)
Winterkürbisse
(Hokkaido-, Butternuss-,
Spaghettikürbis,
Patidou)
Rosenkohl
Fenchel
Brokkoli
Kohl
Chicorée
Schwarzwurzeln
Sellerie
Pak Choi
Speiserüben

Rote Beten
Karotten
Süßkartoffeln
Kartoffeln
Schwarzwurzeln
Topinambur

Getreide:
Buchweizen
Hirse
Roggen
Hafer
Quinoa
Graupen
Naturreis

Hülsenfrüchte:
Azukibohnen
Getrocknete
Bohnenkerne (weiß,
schwarz, rot)
Kichererbsen
Rote Linsen
Schälerbsen
Urdbohnen
Mungbohnen

Tierisches Eiweiß:
Hähnchen
Pute
Reh

Eier
Fettfische
Meeresfrüchte

Würzmittel:
Apfelessig
Sauergemüse
Miso

Nüsse und Samen:
Sesamsaat
Sonnenblumenkerne
Kürbiskerne

Kräuter und Gewürze:
Rosmarin
Thymian
Salbei
Curry
Knoblauch
Ingwer
Zwiebeln
Senfsamen
Bockshornklee
Fenchelsamen
Kreuzkümmelsamen
Gewürznelken
Muskatnuss
Petersilie
Paprika
Asant

Eingelegter schwarzer Winterrettich

Sauer eingelegtes Gemüse gärt mehrere Tage bis Wochen und entwickelt dabei, wie alle fermentierten Speisen, viele gesunde Eigenschaften. Sie wecken den Appetit, kurbeln den Blutkreislauf und die Verdauung an, wärmen, verflüssigen Schleim und vieles mehr. All diese Wohltaten kommen gerade im Winter sehr gelegen, doch sollte man Eingelegtes nicht im Übermaß verzehren, da sonst Pitta verstärkt wird und die Entzündungsneigung steigt. Als Faustregel für die kalte Jahreszeit gilt: vor jeder Mahlzeit einen Esslöffel Sauergemüse verzehren.

Zutaten
für 4 Portionen

1 fester schwarzer
Bio-Winterrettich
1 Prise Kurkuma
1 EL Senfsamen
200 ml Weißweinessig
1 EL Zucker
1 TL Salz

Den Winterrettich waschen und trockentupfen. Mit dem Gemüsehobel in 2–3 mm dicke Scheiben schneiden.

Die Rettichscheiben in einer Schüssel gründlich mit dem Salz vermengen und 10–15 Minuten Wasser ziehen lassen.

In der Zwischenzeit für den Essigsud den Zucker in einem Topf mit 200 ml lauwarmem Wasser auflösen. Den Essig und die Kurkuma zugeben. Sobald der Zucker vollständig aufgelöst ist, vom Herd nehmen und abkühlen lassen.

Die Senfsamen in einer Pfanne ohne Fett 2 Minuten rösten.

Ein sauberes, trockenes Einmachglas mit den Rettichscheiben füllen und den Essigsud lauwarm oder kalt bis zum Rand angießen. Die Senfsamen untermischen. Die Rettichscheiben müssen vollständig mit Flüssigkeit bedeckt sein. Einige Stunden bei Zimmertemperatur durchziehen lassen, dann kalt lagern und im Idealfall vor dem Verzehr noch mindestens drei Tage nachreifen.

TIPP Sauergemüse hält sich mindestens zwei Wochen und bereichert alle indischen Gerichte mit einer süßsauren Note. Sie können den Winterrettich ohne weiteres durch Karotten, Blumenkohl, Zwiebeln oder Speiserüben ersetzen oder mehrere Gemüsesorten mischen.

Brot mit pochierten Eiern, Grünkohlpesto und Karamellzwiebeln

Für diese Sandwiches habe ich wärmende Zutaten gewählt, die Kapha verringern. Der ausgefallene Pesto aus blanchiertem Grünkohl und geröstetem Kreuzkümmel wirkt entgiftend und sorgt mit dem Aroma des Haselnussöls für ein gutes Bauchgefühl.

Zutaten
für 4 Portionen

4 Scheiben Roggenbrot
4 Bio-Eier
3 Strünke Grünkohl
6 kleine rosa Zwiebeln
oder 2 rote Zwiebeln
120 g Frischkäse
½ TL Kreuzkümmelsamen
1 Prise Kurkuma
Weißweinessig
Ghee
Haselnussöl
1 EL brauner Zucker
Salz, frisch gemahlener
Pfeffer

Die Zwiebeln schälen und in dünne Scheiben schneiden. In einer heißen Pfanne das Ghee zerlassen, die Kurkuma und die Zwiebelscheiben darin anschwitzen und mit dem Zucker bestreuen. Auf kleiner Flamme karamellisieren, 3 EL Wasser zugeben und 5 Minuten auf kleiner Flamme einkochen.

Für den Pesto die Blätter des Grünkohls vom Strunk streifen und in kochendem Salzwasser 3 Minuten blanchieren, mit kaltem Salzwasser abschrecken und gründlich abtropfen lassen.

Den Kreuzkümmel in einer Pfanne ohne Fett rösten. Den Grünkohl mit einer Prise Salz und dem gerösteten Kreuzkümmel im Mixer pürieren und dabei nach und nach das Haselnussöl angießen, bis eine glatte Masse entsteht. Die Brotscheiben toasten, mit Frischkäse bestreichen und mit den Karamellzwiebeln belegen.

Zum Pochieren der Eier in einem kleinen Topf Wasser mit 1 EL Weißweinessig zum Kochen bringen und mit einem Holzlöffel kräftig rühren, sodass ein Wirbel entsteht. Die aufgeschlagenen Eier einzeln ins Wasser gleiten lassen, dabei weiter vorsichtig rühren, damit das Eiklar sich eng an das Eigelb schmiegt. Jeweils ein pochiertes Ei auf eine Brotscheibe legen und etwas Grünkohlpesto darauf verteilen.

TIPP Im Winter sollten Sie Käse immer nur an sonnigen Tagen genießen, denn dann ist er gut verdaulich, ohne dass sich Giftstoffe bilden.

Dal aus gelben Mungbohnen,
Grünkohl und Kokosmilch

Dal ist ein traditionelles Gericht der vegetarischen und ayurvedischen Küche Indiens. Die geschälten, gesplitteten gelben Mungbohnen sind für alle drei Doshas wertvoll und gelten im Ayurveda als perfekte Hülsenfrüchte, weil sie süß, kühlend und leicht verdaulich zugleich sind. Deshalb sind sie die ideale Nahrung für alle unsere Gewebe und regen unser Immunsystem an, ohne unser Verdauungsfeuer zu zügeln. Mungbohnen sind zudem reich an alkalischen Mineralien (Magnesium, Natrium, Kalium, Kalzium), an Ballaststoffen, pflanzlichem Eiweiß und Kohlenhydraten. Mit Getreide und Gemüse kombiniert, liefern sie uns alles, was unser Körper braucht.

Zutaten
für 4 Portionen

200 g geschälte gelbe
Mungbohnen (Mung Dal)
2 Strünke Grünkohl
250 ml Kokosmilch
ggf. Kokosraspeln
3 frische Knoblauchzehen
(oder 1 EL Knoblauch-
paste, siehe S. 118)
2–3 Zweige frischer
Koriander
1 kleine rote Chilischote
2 cm frische Ingwerwurzel
(oder 1 EL Ingwerpaste,
siehe S. 118)
1 Sternanis
4 Kardamomkapseln
1 EL Senfsamen
½ TL gemahlene Kurkuma
Saft von 1 Limette
Ghee
Salz

Die Mungbohnen waschen und zusammen mit der gemahlenen Kurkuma ohne Salzzugabe in einem Topf mit kaltem Wasser zum Kochen bringen und mindestens 15–20 Minuten durchgaren.

Die Grünkohlblätter vom Strunk streifen und 3 Minuten in kochendem Salzwasser blanchieren und mit kaltem Salzwasser abschrecken. Gründlich abtropfen lassen und grob hacken.

Für die Gewürzmischung in einer Pfanne 2 EL Ghee erhitzen und darin den Kardamom, die Senfsamen und den Sternanis 5 Minuten anschwitzen. Den entkeimten, gehackten Knoblauch (oder die Knoblauchpaste), den geschälten, geriebenen Ingwer (oder die Ingwerpaste) und die gehackte rote Chilischote in die Pfanne geben und 3 Minuten mitdünsten.

Die Gewürzmischung sowie den Grünkohl und die Kokosmilch unter die gekochten Mungbohnen heben, salzen und auf kleiner Flamme abgedeckt nochmals 10 Minuten dünsten.

Alles gut verrühren. Mit frischen Korianderblättchen und ggf. Kokosraspeln bestreuen, mit Limettensaft beträufeln und servieren. Dazu Chapatis reichen.

Süßkartoffelsuppe
mit schwarzem Sesam

„Sesam öffne dich!" – so hieß es schon in *Ali Baba und die vierzig Räuber*. Im Märchen öffnete die Zauberformel die Tür zu Kostbarkeiten in Hülle und Fülle. Auch im Ayurveda gilt Sesam in Form von Paste, Öl oder Samen als echter Schatz. Sein nussiger Geschmack passt gleichermaßen zu süßen wie zu pikanten Gerichten. Das in den Samen enthaltene Öl dient unserem Gewebe als schützendes Schmiermittel; es stärkt das Immunsystem und hält die Körpertemperatur konstant. Die milden Süßkartoffeln wirken ausgesprochen regenerierend und zugleich beruhigend auf Kapha. Beides wird hier mit wärmenden, verdauungsfördernden Gewürzen zu einer üppigen, sämigen, unwiderstehlichen Wintersuppe kombiniert.

Zutaten
für 4 Portionen

300 g Süßkartoffeln
1 EL schwarze Sesamsaat,
plus etwas zum Garnieren
2 cm frische Ingwerwurzel
1 TL Kreuzkümmelsamen
200 ml Kokoscreme,
plus etwas zum Garnieren
300 ml Gemüsebrühe
Ghee

Die Süßkartoffeln schälen und in ca. 0,5 x 0,5 cm große Würfel schneiden. Zusammen mit dem geschälten Ingwer 15–20 Minuten in der Gemüsebrühe kochen. Als Garprobe die Kartoffelstücke mit einem scharfen Messer anstechen.

In der Zwischenzeit die Kreuzkümmelsamen in 1 TL Ghee anrösten und beiseitestellen.

Die Süßkartoffeln zusammen mit der Kokoscreme, dem gerösteten Kreuzkümmel und dem Sesam im Mixer pürieren. Die Suppe mit einem Schuss Kokoscreme garnieren, mit schwarzem Sesam bestreuen und heiß servieren. Dazu Naan-Brot reichen.

Reisbrühe mit Seeteufel, Chili und Brokkoli

Die Bouillon ist ein Tridosha-Gericht. Auf Vata und Kapha wirkt sie ausgleichend. Sie wärmt und enthält alle sechs Geschmacksrichtungen, die wir benötigen: süß (Karotten), sauer (Tamarinden), salzig und scharf (Ingwer, Chilischoten), bitter und herb (Brokkoli). Durch das Pochieren bleibt der Seeteufel schön saftig und behält seine Nährstoffe.

Zutaten
für 4 Portionen

120 g brauner Basmatireis
4 kleine Seeteufel-
medaillons
1 kleiner Brokkoli
1 gelbe Karotte
1 orangefarbene Karotte
1 grüne Chilischote
1 rote Chilischote
1 EL Tamarindenpaste
2 cm frische Ingwerwurzel
500 ml Gemüsebrühe

Die Seeteufelmedaillons vierteln. Die Karotten schälen und in ca. 1 cm lange Stücke schneiden. Den Brokkoli in Röschen zerteilen.

In einem großen Topf die Gemüsebrühe mit der Tamarinden-paste erhitzen, die entkernten, gehackten Chilischoten und den geschälten Ingwer zugeben. Alles 5 Minuten köcheln lassen.

Die Karotten und den Brokkoli 12–13 Minuten in der Brühe kochen, dann mit dem Schaumlöffel herausnehmen und beiseitestellen.

Gleichzeitig den Reis 20 Minuten in reichlich Salzwasser kochen und dann abschütten.

Die Seeteufelstücke 5 Minuten in der Gemüsebrühe pochie-ren (nicht kochen) und dann die Gemüse und den Reis hin-zufügen. Alles 5 Minuten bei mittlerer Hitze weiterkochen lassen und dann heiß servieren.

Pilaw aus Basmatireis
mit Hokkaidokürbis und roten Zwiebeln

Bei dieser Variante des traditionellen Pilaws vereinigen sich Kürbis und Basmatireis zu einer cremigen Köstlichkeit. Da beide Zutaten süß und kühlend sind, sollten ihre Aromen und Eigenschaften im Winter durch wärmende Gewürze unterstützt werden, in diesem Fall in Ghee gerösteten Koriander und Senf.

Zutaten
für 4 Portionen

200 g weißer Basmatireis
300–350 g Hokkaido-
kürbis
1 kleine rote Zwiebel
1 Frühlingszwiebel
1 EL Senfsamen
1 TL Koriander gemahlen
Saft von 1 Limette
Ghee
Salz

Den Reis waschen und abtropfen lassen. Den Hokkaidokürbis in ca. 1 x 1 cm große Würfel schneiden. Die rote Zwiebel schälen und grob hacken.

In einer Pfanne das Ghee erhitzen und die Senfsamen und den gemahlenen Koriander darin anschwitzen. Den Reis, den Kürbis und die roten Zwiebeln zugeben, salzen und alles unter Rühren zum Kochen bringen. 320 ml kaltes Wasser angießen und abgedeckt ca. 18 Minuten auf kleiner Flamme köcheln lassen.

Ohne den Deckel abzunehmen, den Pilaw 5 Minuten weiter ziehen lassen, dann den Reis mit einer Gabel behutsam auflockern. Die Frühlingszwiebel in feine Ringe schneiden. Den Pilaw kurz vor dem Servieren damit bestreuen und mit etwas Limettensaft beträufeln.

TIPP Sehr lecker ist der Pilaw auch als Füllung in ofengebackenem Butternuss- oder Hokkaidokürbis. Dazu den Kürbis halbieren und die Kerne herauslösen. Das Kürbisfleisch leicht einölen, salzen und pfeffern und im Backofen bei 190 °C 30 Minuten backen. Sobald er gar und weich ist, das Fruchtfleisch herauslösen und für den Pilaw verwenden und diesen anschließend in die Kürbishälften füllen (die Haut von Hokkaidokürbissen ist essbar und lecker). Ein vollwertiges, appetitliches Gericht für ein gemütliches Essen mit Familie oder Freunden!

Würziger Couscous
mit winterlichem Schmorgemüse

Ein vegetarischer Couscous ist ein sättigendes winterliches Hauptgericht, das alle Sinne anspricht und Appetit macht. Bevorzugt werden Gemüse der Saison, die beruhigend auf Kapha und Vata wirken. Kurkuma, Kreuzkümmel und Koriander schüren das Verdauungsfeuer durch ihre verdauungsfördernde und krampflösende Wirkung.

Zutaten
für 4 Portionen

300 g mittelfeiner Couscous
300 g Wurzelgemüse (bunte Karotten und Speiserüben)
2–3 weiße Zwiebeln
1 TL gemahlener Koriander
1 Handvoll Saaten (Kürbis-, Sonnenblumenkerne)
1 EL Kurkuma
1 EL Kreuzkümmelsamen
300 ml Gemüsebrühe
Ghee
Sesamöl
Salz

Das Wurzelgemüse waschen, putzen und je nach Größe halbieren oder vierteln.

Die Zwiebeln putzen und ebenfalls vierteln.

In einer Pfanne 2 EL Ghee zusammen mit der Kurkuma erhitzen und darin das Gemüse anschwitzen. Salzen und 10 Minuten goldgelb rösten, dabei von Zeit zu Zeit mit dem Bratensatz übergießen. 100 ml Wasser angießen und das Gemüse 10 Minuten einkochen, dann ohne Deckel bei mittlerer Hitze die Flüssigkeit verdampfen lassen. Die Pfanne mit dem Gemüse abgedeckt warmstellen.

Kreuzkümmel und Koriander in 1 EL Sesamöl anschwitzen. Den Couscous dazugeben und im Öl wenden, dann die Gemüsebrühe angießen. Die Temperatur herunterschalten, den Couscous leicht salzen und abgedeckt beiseitestellen.

Die Saatenmischung ohne Fett anbräunen.

Den Couscous mit der Gabel auflockern und mit dem Gemüse anrichten. Mit den Saaten bestreut servieren.

Rosentee
mit Ingwer und Zitrone

Ein Kräuter- oder Früchtetee ist der ideale Durstlöscher, denn er ist gesund, tut gut und schmeckt fabelhaft. Das Ritual des Teekochens kann über den Tag immer wieder Kraft spenden und genauso wach machen wie eine Tasse Kaffee. Rosen wirken auf das Nervensystem, lösen Ängste und vertreiben schwarze Gedanken – ein probates Mittel gegen den Winter-Blues! Da sie von Natur aus kühlend sind, sollte man sie im Winter mit einem wärmenden Gewürz kombinieren. In diesem Fall habe ich mich für Ingwer und einen Hauch Zitrone als säuerliche Komponente entschieden. Der Tee ist bedenkenlos auch in größeren Mengen zu genießen!

Zutaten
für 4 Portionen

12 getrocknete Rosen-
knospen für Tee
4 cm frische Ingwerwurzel
1 unbehandelte Bio-
Zitrone

Den Ingwer schälen und raspeln. Die Zitrone mit Schale in feine Scheiben schneiden.

1 l gefiltertes Wasser zum Kochen bringen und damit den Ingwer, die Rosenknospen und die Zitronenscheiben über-gießen.

Den Tee abseits vom Herd 15 Minuten abgedeckt ziehen lassen und dann heiß servieren.

Grundrezepte
Knoblauchpaste und Ingwerpaste

Knoblauch und Ingwer bilden die Grundlage für die meisten indischen Gerichte. In Form einer Paste lassen sich beide im Alltag bequem einsetzen. Denkbar ist auch eine Kombi-Paste, die zu gleichen Teilen aus Knoblauch und Ingwer besteht. Wichtig zu wissen: 1 TL Knoblauchpaste entspricht 3 Knoblauchzehen und 1 TL Ingwerpaste einem 3 cm langen Stück Ingwerwurzel.

Zutaten
für je 250 g Paste

Knoblauchpaste
250 g Knoblauch
4–5 EL Pflanzenöl

Ingwerpaste
250 g frischer Bio-Ingwer
4–5 EL Pflanzenöl

Knoblauchpaste: Die Knoblauchzehen abziehen, entkeimen und mit dem Pflanzenöl im Mixer glatt pürieren.

Ingwerpaste: Den Ingwer schälen und mit dem Pflanzenöl im Mixer glatt pürieren.

TIPP Beide Pasten halten sich in Schraubgläsern im Kühlschrank 3–4 Wochen. Damit sie nicht braun werden, bedeckt man sie mit ein wenig Pflanzenöl.

Gewürzsäckchen

Für jede Jahreszeit gibt es ausgleichende Gewürze zum Aromatisieren von Reisgerichten. Unsere Version sind Gewürzsäckchen, die man einfach beim Reiskochen mit dazugibt. So tun Sie etwas für Ihre Gesundheit und bekommen frischen Schwung.

Zutaten
für 200 g Reis

1 Stück Gaze
1–2 EL Gewürze
200 g Basmatireis

1 gehäuften Esslöffel Gewürze auf die Gaze legen, zu einem Säckchen formen und mit einer Schnur zubinden.

Das Säckchen zusammen mit dem Reis in der dreifachen Menge Wasser auf kleiner Flamme köcheln lassen, bis der Reis die Flüssigkeit komplett aufgesaugt hat. Je nach Reissorte (weiß, braun oder Wildreis) ggf. noch etwas heißes Wasser angießen.

Für jede Jahreszeit habe ich eine Auswahl ausgleichender Gewürze zusammengestellt:

• Winter: Ingwer, Zimt, Gewürznelken
• Frühling: schwarzer Pfeffer, Kurkuma
• Sommer: Koriander, Fenchel, Kreuzkümmel
• Herbst: Kardamom, Ingwer

> TIPP Mit dem Säckchen können Sie natürlich auch andere Getreide und/oder Hülsenfrüchte wie beispielsweise Buchweizen, Graupen, Couscous, Bulgur oder Hafergrütze aromatisieren. Die Gewürzmischungen dürfen Sie nach Belieben mit dem abwandeln, was Sie vorrätig haben, und mit getrockneten Küchenkräutern wie Salbei, Rosmarin oder Lavendel anreichern. Lassen Sie Ihrer Fantasie freien Lauf!
> Sollten Sie keine Gaze zur Hand haben, nehmen Sie einfach einen Teefilter aus Papier.

Mandelmilch

Im Bett einkuscheln, dazu ein leckeres Glas heiße Milch – herrlich! Seit Urzeiten trinkt man im Sommer abends vor dem Schlafengehen heiße Milch, weil sie angenehm müde macht. Genau das macht man auch im Ayurveda, jedoch mit Gewürzen, die das Nervensystem zusätzlich beruhigen und den Geist zur Ruhe kommen lassen.

**Zutaten
für 1 Liter**

170 g ungeschälte
Mandeln
1 l Wasser
3–4 Medjool-Datteln
1 Messerspitze Salz

Die Mandeln über Nacht (8–10 Stunden) in Wasser einweichen. Am nächsten Tag abschütten, abspülen und abtropfen lassen. Schneller geht es, wenn Sie die Mandeln mit kochendem Wasser überbrühen und eine Stunde ziehen lassen.

Mit den Fingern die Haut von den Mandeln abreiben (sie würde die Milch weniger bekömmlich machen). Die blanchierten Mandeln mit Wasser und den Datteln im Mixer auf höchster Stufe 1 Minute pürieren.

Die Masse über einer Schüssel in ein Seihtuch geben, das Tuch zusammendrehen und kräftig ausdrücken. Die Flüssigkeit auffangen. Das kann einige Minuten in Anspruch nehmen.

Die Mixerschüssel ausspülen und die Mandelmilch mit dem Salz nochmals pürieren.

Die Mandelmilch in eine Flasche füllen und kaltstellen. Im Kühlschrank hält sie sich 3–4 Tage.

Würzige Sonnenblumenkerne

Zutaten
für 4 Portionen

100 g Sonnenblumenkerne
2 Zweige Rosmarin
1 TL Gewürze nach
Wahl: Kurkuma, Ingwer,
Kreuzkümmel, eine
Messerspitze Paprika oder
einfach Garam masala
Salz
Pfeffer

Die Sonnenblumenkerne ohne Fettzugabe in einer Pfanne rösten. Nach einigen Minuten den Rosmarin, die Gewürze, eine Prise Salz und Pfeffer zugeben und abkühlen lassen.

Die Kerne schmecken zu Salat, Gemüsegerichten oder schlicht auf Butterbrot. Einfach eine Handvoll in einen Beutel füllen und über Tag als Snack genießen oder als gesunde Alternative zu Erdnüssen zum Aperitif servieren!

TIPP Wer es lieber süß mag, kann die Sonnenblumenkerne mit Kokosnuss, Zimt und Ingwer kombinieren: Alle Zutaten ohne Fettzugabe in einer Pfanne rösten – fertig! Mit etwas Dörrobst (Rosinen, Cranberrys, Mangos, Ananas, Äpfel) wird der kernige Mix ein Hit beispielsweise zu Porridge oder Joghurt.

Dank

Éloïse Figgé dankt Sanjee für die wunderbare Zusammenarbeit an diesem Projekt, Sandra für die tollen Fotos, den Éditions Mango für ihre Bereitschaft, die gesunde ayurvedische Küche zu fördern, und schließlich Dr. Vasant Lad für alles, was er ihr beigebracht hat.

Sandra Salmandjee dankt Éloise Figgé für ihre fabelhafte Energie, Sandra Mahut für ihren persönlichen Einsatz und die Modernisierung ihrer Rezepte, ihrer Lektorin Aurelie dafür, dass sie auch diesmal wieder für ein so harmonisches Verhältnis zwischen allen Beteiligten gesorgt hat, Usha – der Frau hinter *Jamini Design* – dafür, dass sie Fotos mit ihren bildschönen Kreationen aufgewertet hat, sowie ihrer Familie und ihren Freunden für die unerschütterliche Unterstützung.

Die Informationen und Rezepte in diesem Buch wurden mit größtmöglicher Sorgfalt zusammengestellt. Dennoch haften weder der Verlag, noch der Autor oder Übersetzer für eventuelle Nachteile oder Schäden, die aus den im Buch gegebenen Hinweisen resultieren. Im Zweifelsfall sollten Sie Ihren Hausarzt konsultieren.

© Mango, Paris – 2016
Originaltitel: Ayurvédafood
ISBN: 978-23-17011-08-5

Redaktionsleitung: Anne la Fay
Lektorat: Aurélie Cazenave
Artdirection: Julie Mathieu
Satz: Lucile Jouret
Korrektorat: Claire Fontanieu
Litho: Amalthéa

© der deutschen Ausgabe: Ullmann Medien GmbH

Übersetzung aus dem Französischen: Birgit Lamerz-Beckschäfer
Redaktion: Dorit Aurich | www.lektoratplus.de
Satz: Dirk Brauns

Gesamtherstellung: Ullmann Medien GmbH, Potsdam

Printed in Slovakia, 2017

ISBN 978-3-7415-2252-9

10 9 8 7 6 5 4 3 2 1
X IX VIII VII VI V IV III II I

www.ullmannmedien.com
info@ullmannmedien.com
facebook.com/ullmannmedien
twitter.com/ullmannmedien

MIX
Papier aus verantwortungsvollen Quellen
FSC® C129466